I0022868

Джон Коулман

РИМСКИЙ КЛУБ

АНАЛИТИЧЕСКИЙ ЦЕНТР НОВОГО МИРОВОГО
ПОРЯДКА

OMNIA VERITAS®

Джон Колман

Джон Коулман - британский писатель и бывший сотрудник Секретной разведывательной службы. Коулман подготовил различные аналитические материалы о Римском клубе, Фонде Джорджио Чини, Forbes Global 2000, Межрелигиозном коллоквиуме мира, Тавистокском институте, Черном дворянстве и других организациях, близких к теме Нового мирового порядка.

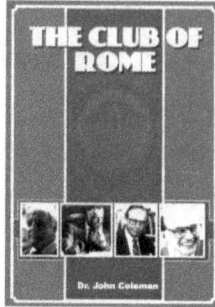

THE CLUB OF
ROME

Dr. John Coleman

РИМСКИЙ КЛУБ
АНАЛИТИЧЕСКИЙ ЦЕНТР НОВОГО МИРОВОГО ПОРЯДКА

THE CLUB OF ROME
The Think Tank of the New World Order

Переведено с английского и опубликовано компанией
Omnia Veritas Limited

© Omnia Veritas Ltd - 2022

OMNIA VERITAS.

www.omnia-veritas.com

Все права защищены. Никакая часть данной публикации не может быть воспроизведена любым способом без предварительного разрешения издателя. Кодекс интеллектуальной собственности запрещает копирование или воспроизведение для коллективного использования. Любое представление или полное или частичное воспроизведение любыми средствами без согласия издателя, автора или их правопреемников является незаконным и представляет собой нарушение, наказуемое в соответствии со статьями Кодекса интеллектуальной собственности.

Римский клуб (COR) - это главный аналитический центр Нового мирового порядка, который был неизвестен в Америке до тех пор, пока доктор Коулман не разоблачил его в 1969 году и не опубликовал под тем же названием в 1970 году. Созданная по указанию Комитета 300, она не существовала до юбилейных торжеств по случаю ее основания в Риме 25 лет спустя. Комитет регионов играет ключевую роль во всех планах правительства США, как внутренних, так и внешних. Он не имеет никакого отношения к Риму, Италии или католической церкви.

ОБЛОЖКА

ГЛАВА 1

ОТГОЛОСКИ ФРАНЦУЗСКОЙ РЕВОЛЮЦИИ

Для того чтобы начать понимать мировые события, нам необходимо осознать, что многие трагические и взрывные события 20 века не произошли сами по себе, а были спланированы по четко установленной схеме. Кто был планировщиком и создателем этих крупных событий?

Создатели этих зачастую жестоких и революционных потрясений принадлежат в основном к тайным обществам, которые, как и всегда, заполонили наш мир. В большинстве случаев эти тайные общества основаны на оккультных и инициационных практиках, но, как и все тайные общества, составляющие тайные правительства, они контролируются Комитетом 300.[1] Неосведомленные люди, которые считают, что поклонение дьяволу, демоны и колдовство исчезли из современного общества, дезинформированы. Сегодня тайные общества, основанные на оккультизме, а также люциферианство, черная магия и вуду процветают и, похоже, распространены гораздо шире, чем считалось

---

[1] Ср. *"Иерархия заговорщиков - история Комитета 300"*, Omnia Veritas Ltd, www.omnia-veritas.com.

изначально.

Именно терпимость к этим тайным обществам в нашей среде, многие из лидеров которых маскируются под христиан, в сочетании с нашим попустительским отношением к этим организациям и их лидерам, является причиной наших проблем, национальных и международных. Все беды, все революции и все войны неизбежно могут быть приписаны тому или иному или комбинации нескольких тайных обществ. Секретность указывает на проблему, ведь если бы тайные общества работали на благо человека и государства, зачем нужна такая глубокая секретность, с помощью которой они скрывают себя, свои организации и свои действия? Я вспоминаю, что практика вуду, приписываемая черной Африке, на самом деле произошла от эфиопа Джетро. Как и вуду, большинство оккультных практик и сопровождающих их тайных обществ являются антихристианскими, и они не приносят извинений за это, хотя некоторые члены масонства пытаются скрыть или спрятать свои антихристианские учения.

Однако, к их чести, масоны понимают, что Христос был гораздо больше, чем религиозный лидер. Масоны верят, что Христос пришел изменить облик мира и что он выступал против тайных обществ. Вот почему так много тайных обществ настраивают своих адептов против христианства. Как только Христос начал свое служение, в противовес совершенным идеалам христианства возник гностицизм. Христос предупредил мир, что мы сражаемся не против плоти и крови, а против сил тьмы и духовной злобы в высших сферах. Это означает, что суть нашей борьбы против коммунизма, марксизма, социализма, либерализма и единого мирового правительства заключается в духовной борьбе. Покажите мне тайное общество, и я покажу вам христоненавистническую оккультную теократию. Христос сказал: "**Познайте истину, и истина сделает вас свободными**".

Обратите внимание, что Христос использовал императив. Христос говорил о людях, порабощенных тайными обществами - как и сегодня, о простых людях, презираемых правителями оккультных теократий, которым они не нужны, кроме как в качестве слуг и рабов.

Эти лидеры считают совершенно нормальным убивать миллионы людей, которых они считают "лишними". Эта злая философия "убивать" проникла в вооруженные силы США через таких людей, как Ричард Чейни, Дональд Рамсфелд, Ричард Перл и Пол Вулфовиц. Это совершенно чуждая концепция, которой нет места в республиканской форме правления. Лидеры злых тайных обществ угрожают всей нашей цивилизации. Некоторые из тайных культов, которые сегодня очень активно участвуют в наших делах, - это гностицизм, культ Диониса и предмет этой книги - культ Римского клуба. Но я должен вернуться к отправной точке этой работы, которая находится в современной истории под названием "Французская революция".

Современные учебники истории не учат, что так называемая Французская революция берет свое начало в Англии, где демонист Уильям Петти, граф Шелбурн, обучал экономистов Британской Ост-Индской компании (БИК) Мальтуса и Адама Смита, а также массовых убийц Дантона и Марата. Проведя время с Шелбурном в Англии, Дантон и Марат были доставлены в Париж, чтобы в оргии жажды крови обрушиться на беззащитный и ничего не подозревающий французский народ и монархию. Спустя годы лорд Альфред Милнер должен был выпустить Ленина на ничего не подозревающую христианскую Россию в почти углеродной копии Французской революции.

Движущей силой Французской революции было тайное общество под названием "Иллюминаты", организованное масонской ложей "Катор Коронати" в Лондоне и масонской ложей "Девять сестер" (Ориент) в Париже. Краткая история иллюминатов необходима для того, чтобы понять, как был создан Римский клуб. О происхождении иллюминатов нет единого мнения, но в целом считается, что иллюминаты произошли от росикрусианцев, так называемых мастеров многих секретов, таких как философский камень, который, по утверждению росикрусианцев, они получили от древних халдеев, волхвов и египетского жречества.

Росикрусианцы утверждают, что они могут защитить человеческую жизнь с помощью определенных наркотиков, а также утверждают, что могут вернуть молодость. Они также известны как "Бессмертные" и учат, что все тайны были открыты им. Сначала они были известны как "Невидимые братья", а затем как "Братья Розикруцианцы". Одна из ветвей Росикрусианцев называет себя "Обряд Сведенборга" или "Стокгольмские иллюминаты". Она была основана в 1881 году Эммануилом Сведенборгом, мастером-масоном, чья подпись до сих пор стоит в списке членов ложи в Лунде, Швеция, где родился Сведенборг. Обряд Сведенборга - это всего лишь модификация Абингдонского ордена иллюминатов, который был основан в 1783 году. Тогда, как и сейчас, руководителями этого тайного ордена были сливки королевской власти, дворянства и высшего общества. Но главный орден иллюминатов был основан в Баварии 1er мая 1776 года неким Адамом Вейсхауптом, профессором канонического права в университете Ингольштадта.

Вейсхаупт был продуктом иезуитского образования, а Иллюминаты очень похожи на Орден Золотого Креста. Опять же, иллюминизм явно связан с масонством, орденом росикрусианцев, рыцарями-тамплиерами - или французским орденом масонских степеней. За всеми этими приказами стоял Моисей Мендельсон, изучавший каббалу, чьей целью было создание единого мирового правительства - Нового мирового порядка. Основной деятельностью иллюминатов была и остается война против христианства, которую они ведут с помощью позорных обвинений против жизни и учения Христа. С политической точки зрения, иллюминаты стремятся свергнуть существующий порядок всех правительств, особенно тех, которые исповедуют христианскую религию. Ее члены привержены слепому повиновению своим начальникам и их тайным революционным планам по установлению Нового мирового порядка, который начал действовать с Французской революции.

Планы иллюминатов по уничтожению христианской монархии Франции были раскрыты, когда курьер иллюминатов по имени Якоб Ланг был убит молнией во время поездки на лошади, чтобы доставить революционные инструкции в баварские ложи. Впоследствии бумаги Ланга попали в руки баварских властей, а позже был обнаружен и железный ящик, наполненный бумагами с подробностями готовящегося заговора против Франции. Иллюминизм был введен во Франции маркизом де Мирабо и позже принят герцогом Орлеанским, Великим Мастером масонства Великого Востока во Франции. Также было решено вовлечь в иллюминизм Талейрана, одного из самых заметных деятелей своего времени. Одним из актов гниения, практикуемых адептами ордена иллюминатов, является кастрация. Янош Кадар, бывший диктатор Венгрии, публично объявил, что он действительно прошел этот обряд.

ГЛАВА 2

КРАУЛИ, ПАЙК И МАДЗИНИ

Ни масонство, ни иллюминизм не вымерли. Некоторые в кругах разведки считают, что и те, и другие сегодня сильнее, чем во времена Французской революции.

Смерть мировых лидеров иллюминистов/масонов, Джузеппе Мадзини и Альберта Пайка, не предвещала никаких изменений в росте и направлении этих двух организаций.

Несомненно, некоторые будут оскорблены моими ссылками на масонство. Я не намерен оскорблять масонов. Я просто пытаюсь представить точный отчет о том, как и почему происходят те или иные события в мире.

Американские масоны ошибочно утверждают, что их масонство отличается от европейского. Позвольте мне исправить эту ошибку: Росикрусианские кабалисты, Леон Темплер и Джейкоб Леон, совместно разработали английскую Великую Ложу Масонства, а также ее эмблему.

Существует четкая связь между англосаксонским масонством и европейским оккультным масонством

Великого Востока. Я говорю "оккультный", потому что именно так называл его великий немецкий генерал Людендорф. Связь между европейским росикрусианским масонством и американским масонством всегда была тесной, и остается таковой по сей день.

Три основных масонских обряда:

> ➢ Шотландский обряд масонства, который имеет 33 степени.
>
> ➢ Обряд Мизраим, или Египетский обряд, с 96 степенями.
>
> ➢ Восточный обряд, которому в основном следует европейское масонство.

Джон Харкер, автор книги "*Великий мистический храм*", сказал:

> *Таким образом, мы, англичане, присоединились к Шотландскому обряду, заключили союз с Мизраимом, а теперь и с Мемфисом. В случае первого, мы установили отношения с различными великими верховными советами и пересмотрели устав 1862 года в предпочтение ложной конституции 1786 года, в 1884 году, в Мизраиме, с древними органами Неаполя и Парижа, а в Мемфисе с Америкой, Египтом, Румынией и различными органами, работающими в этом Обряде. В этих трех обрядах мы также приняли иностранные хартии для подтверждения наших первоначальных полномочий.*

Это должно положить конец ошибочному мнению, часто приводимому американскими масонами, что англосаксонское масонство не имеет ничего общего с европейским масонством. В конце концов, Харкер должен был это знать, ведь он был Великим Мистиком.

11 ноября 1912 года Харкер был избран Имперским Великим Мастером, на одну степень выше, чем 96 степень Обряда Мизраим. После его смерти в 1913 году его сменил Генри Майер, а затем Алистер Кроули, Патриотический Великий Мастер 33 , 90 и 96 степеней. Поэтому очевидно, что американские масоны являются неотъемлемой частью европейского масонства, знают они об этом или нет, и правда в том, что большинство из них этого не знают. Кроули был одной из самых чудовищных фигур в истории тайных обществ; человеком, которому предстояло оказать большое влияние на политику Римского клуба (COR.).

Кроули любил цитировать Мальтуса и Адама Смита, слуг Британской Ост-Индской компании (BEIC), ныне известной как Комитет 300. Оба они играли ведущую роль в согласованном стремлении короля Георга III разорить американских колонистов с помощью "свободной торговли" с односторонним движением.

Мальтус и Смит стали "любимыми сыновьями" РПЦ. Очень легко увидеть связь между планами BEIC и текущей политикой РПЦ, особенно в политике "постиндустриального нулевого роста" РПЦ, направленной на прекращение промышленного доминирования США. Основной религией, которой придерживается Римский клуб, является гностицизм и культ богомилов и катаров. Члены британской монархии являются твердыми приверженцами этих "религий", и в целом можно точно сказать, что члены королевской семьи определенно не являются христианами. Также легко заметить связь с "Комитетом

300".

Считается, что Кроули принимал участие в более чем 150 ритуальных убийствах, что является важной частью оккультной демонологии. Большинство жертв были детьми, их убивали серебряным ножом. Эти зверские практики продолжаются и по сей день, что может объяснить большое количество пропавших детей, которые так и не были найдены. Кроули до сих пор вызывает восхищение у иерархии РПЦ, как и у многих ведущих британских фигур в деле об атомном шпионаже. Энтони Блант, хранитель искусства королевы[2] (очень высокий титул) до того, как его разоблачили как агента КГБ, был большим почитателем Кроули.

Суть в том, что масонство, начиная со степени *Рыцаря Кадоша* и выше, является перманентным бунтом против существующего порядка вещей и посвящено свержению христианства и Республики Соединенных Штатов Америки - как и РПЦ. Пока масонство продолжает процветать среди нас, хаос и беспорядки будут продолжаться, ибо таково намерение и цель всех революционных тайных обществ. Современный Римский клуб - это непрерывная и непрерывная череда тайных обществ, целью которых является уничтожение свободы, что и произошло в период, который мы сейчас знаем как Темный век. Поэтому можно предположить, что РПЦ - это проект Нового мирового порядка - единое мировое правительство, созданное для более быстрого перехода к всеобщему рабству, известному как Новый

---

[2] Хранитель искусства королевы, Ндт.

темный век, под контролем Комитета 300.

ГЛАВА 3

ЧТО ТАКОЕ РИМСКИЙ КЛУБ?

Само название было выбрано для того, чтобы обмануть несведущих, ведь Римский клуб не имеет ничего общего с Ватиканом или католической церковью. Пока злодеи работают днем и ночью, христианская Америка дремлет. Когда я писал первое издание этой книги в 1970 году, лишь горстка людей в Секретной службе знала о существовании этого самого могущественного тайного общества, находящегося в руках Комитета 300.

Римский клуб состоит из старейших членов так называемой "черной знати" Европы, потомков древних семей, которые владели, контролировали и правили Генуей и Венецией в 12 веке. Их называют "Черным дворянством" из-за использования грязных трюков, убийств, терроризма, неэтичного поведения и поклонения Сатане - "черных" деяний. Они никогда не стеснялись применять силу против любого, кто осмеливался встать на их пути, и сегодня это не менее верно, чем в период с 13 по 18 век.

Венецианская черная аристократия тесно связана с "Немецким фондом Маршалла", другое название которого, как и Римского клуба, выбрано для того, чтобы одурачить несведущих. Венецианская черная аристократия состоит из богатейших и старейших семей во всей Европе, их богатство намного превышает богатство, например, Рокфеллеров, и они входят в Комитет 300, самый могущественный контролирующий орган в мире. Одной из старейших династий венецианского черного дворянства является династия Гвельфов. Королева Елизавета II, например, является Черным Гельфом - ее прабабушка Виктория происходила из этой семьи. Черная аристократия и европейские королевские особы являются видными членами РПЦ, которая ставит своей целью уничтожение США как промышленной и сельскохозяйственной державы. Другие его цели не так заметны и имеют более сложную природу, поэтому я начну с деталей специальной конференции РПЦ и подробно остановлюсь на том, что и кто говорил.

Как бы демонстрируя свое полное презрение к победе Рональда Рейгана на выборах в ноябре 1980 года, группа решила встретиться в Вашингтоне, округ Колумбия. Согласно протоколу встречи, тайно записанному офицером разведки, на повестке дня стоял вопрос о том, как лучше расчленить промышленный центр США и избавиться от того, что один из делегатов назвал "избыточным населением". Это соответствовало плану сэра Бертрана Рассела, открыто изложенному в его книге *"Влияние науки на общество"*. Другие дискуссии были посвящены методам установления контроля над внутренними делами Соединенных Штатов. Поскольку многие делегаты были выходцами из старых семей чернокожих дворян или работали на них в течение многих лет, обсуждаемые тактики подстрекательства и террора представляли собой прямой вызов правительству и народу Соединенных Штатов.

Проблема заключалась в том, что американский народ ничего не знал об этой встрече опасных сатрапов Черной знати, а шакалы СМИ не были готовы просветить их о намерениях и целях конклава. Это был один из лучших секретов всех времен. Конференция была инициирована и финансировалась немецким Фондом Маршалла, состоящим из основных членов группы планирования Моргентау времен Второй мировой войны, которые сами контролируются тремя или четырьмя членами почтенного Ордена Святого Иоанна Иерусалимского.

Эта организация стояла за планом деиндустриализации Германии после войны, ее раздела и превращения оставшейся части страны в сельскохозяйственные угодья. Попытка полного уничтожения немецкой нации была делом рук Моргентау, сиониста и ярого ненавистника Германии. Немецкий фонд Маршалла черпал свои огромные ресурсы из предприятий Комитета 300 и международных банкиров Уолл-стрит и лондонского Сити - тех же людей, которые финансировали большевистскую революцию, создавшую крупнейшее в мире рабовладельческое государство и приведшую к зверской гибели миллионов христиан, о чем писал известный писатель Александр Солженицын. Председателем Германского фонда Маршалла был Дэвид Рокфеллер, который не чуждался финансирования революционных групп всех цветов и мастей с тех пор, как он и его семья стали богатыми и знаменитыми.

На повестке дня конференции РПЦ стоял вопрос о том, как лучше всего обратить вспять президентство Рейгана, которое стало для членов клуба некоторой неожиданностью. В центре внимания - блокирование экономического восстановления, обещанного тогдашним кандидатом Рейганом. Для достижения этой цели делегатам было сказано, что Демократическая партия должна быть радикализирована. Не существует такого понятия, как "Демократическая партия". В Конфедеративной республике или Конституционной республике, которой являются Соединенные Штаты, не может быть Демократической партии. Было высказано предположение, что лучший способ социализации избранного президента Рейгана - это изгнание консервативных членов его ближайшего окружения и превращение демократов в мощную антикапиталистическую социалистическую партию по образцу Коммунистического манифеста 1848 г. (Налог на прирост капитала был принят в 1989 г., что стало прямым результатом планирования РПЦ).

Фактически, с 1980 года Демократическая партия взяла на себя роль социалистической/коммунистической партии и должна называться "Социалистическая/коммунистическая партия США". Среди присутствовавших на встрече в Вашингтоне в 1980 году был Энтони Веджвуд Бенн, лидер британских социалистов и ведущий фабианский социалистический стратег. Бенн говорил о задаче разработки всеобъемлющего плана действий в чрезвычайных обстоятельствах с этой целью, к которому он добавил предложение о "классовой войне" между Рейганом и американским народом. Через месяц после первой встречи заговорщики Римского клуба вернулись в Вашингтон для проведения второй конференции. На собрании выступил делегат, представляющий так называемый консервативный *Фонд "Наследие"*, вашингтонский "мозговой центр", финансируемый пивоваренным магнатом Джозефом Куорсом.

Затем "Наследие" выступило в качестве фактического агентства по подбору персонала для президентства Рейгана, представив список из 3000 имен людей, которых оно считало подходящими для ключевых должностей в администрации Рейгана. Большинство рекомендаций "Наследия" были карьерными либералами и социалистами крайне левого направления по Марксу.

В 1980 году Фонд наследия контролировался за кулисами фабиусианским архисоциалистом, сэром Питером Викерсом Холлом, который работал в группе Милнера (Милнер, напомним, был зачинщиком жестокой войны геноцида, англо-бурской войны, развязанной для получения контроля над золотом и алмазами в Южной Африке). Среди других видных социалистов присутствовали покойный Вилли Брандт, один из ключевых европейских контактов КГБ, и покойный Олаф Пальме; Франсуа Миттеран, тогда безработный, но вскоре возвращенный к власти во Франции Комитетом 300; Филипп Агее, перебежчик, бывший офицер ЦРУ; Беттино Кракси, ведущий итальянский социалист; Майкл Харрингтон из Института демократических социальных исследований в Вашингтоне, округ Колумбия. К. и неизвестного испанского социалиста по имени Фелипе Гонсалес, который остановился в Гаване, чтобы проконсультироваться с Кастро перед вылетом в Вашингтон.

СРН назначил Гонсалеса своим поверенным в делах Никарагуа и Сальвадора, и было бы интересно узнать, насколько Гонсалес был вовлечен в войны в

Центральной и Латинской Америке, в которых Кастро играл определенную роль. На этой удивительной встрече присутствовало более 2000 делегатов, однако она была полностью замалчиваема средствами массовой информации. Это дань моим связям с разведкой, что в течение трех дней после встречи, в ноябре 1980 года, я получил в свое распоряжение полную документацию об этой нечестивой встрече социалистических лидеров. Делегаты РПЦ присутствовали на том, что они воспринимали как похоронную ораторию Америки, и среди присутствующих американцев - помимо Агее и Харрингтона - были Джерри Рифкин, Гар Апельрович из Института политических исследований (IPS), ведущие социалисты страны, Рон Делламс из Калифорнии и Глория Стейнхем, организатор контркультуры Women's Lib/ERA, основанной на трудах мадам Коллонтей, коммунистического лидера, гастролировавшего по США в 1920-х и 1930-х годах. Вместе делегаты сформировали настолько разрушительную команду, насколько это было возможно. Многие из ключевых делегатов конференции, помимо Пальме, Брандта и Бенна, были членами Социалистического интернационала, которые ежедневно встречались с представителями Госдепартамента, включая Сайруса Вэнса и Генри Киссинджера.

Если вы не знаете, Социалистический интернационал - это особо опасная и подрывная организация, которая полностью поддерживает легализацию наркотиков и порнографии в качестве "инструментов дестабилизации", которые будут использоваться против США. Детали обсуждений никогда не предавались огласке, но, согласно предоставленным мне документам, РПЦ планировала изолировать США, оставив открытым единственный канал связи с худшими элементами Госдепартамента и КГБ. Это была ситуация, которая попахивала изменой и подстрекательством, не говоря уже об обвинениях в заговоре, которые должны были быть выдвинуты против тех, кто присутствовал на двух собраниях РПЦ.

Очевидно, целый день был посвящен тому, как лучше реализовать план лорда Рассела по подавлению промышленности и избавлению мира от более чем 2 миллиардов "бесполезных едоков". Было принято решение удвоить усилия по прекращению строительства атомных электростанций и продвигать политику нулевого роста, в соответствии с экономическими теориями Адама Смита и Мальтуса и трудами Рассела (см. мою готовящуюся к изданию книгу "Атомная энергия").

Социалистический Интернационал (СИ) давно выступает за ликвидацию крупных городов и переселение населения в меньшие, более управляемые (т.е. легче контролируемые) города и в сельскую местность.

Первый такой эксперимент был проведен режимом Пол Пота в Камбодже с ведома Томаса Эндерса, высокопоставленного сотрудника Госдепартамента США.

ГЛАВА 4

СВЯЗЬ С ГЛОБАЛЬНЫМ ГЕНОЦИДОМ

Римский клуб, как и СИ, настроен резко антинационально и выступает за подавление научного развития в США, Великобритании и Европе, а в последнее время и в Японии. Считается, что КОР имел определенные связи с террористическими организациями, такими как "Красные бригады".

Эта мера была реализована через архисоциалиста Беттино Кракси, бывшего лидера РПЦ и человека, известного французским и немецким спецслужбам своими контактами с бандой Бадера-Майнхоффа, печально известной бандой головорезов, грабивших банки и похищавших общественных деятелей с целью получения выкупа.

Именно Кракси неоднократно пытался сломить решимость итальянского правительства не вести переговоры с "Красными бригадами" об освобождении похищенного американского генерала Дозье.

Кракси был очень близок с Ричардом Гарднером, руководителем Комитета 300, и с Генри Киссинджером. Гарднер женился на семье Луккатти, одной из самых влиятельных семей венецианской черной аристократии, известной на протяжении веков своими навыками в грязных трюках и терроризме.

Ни Кракси, ни бывший президент Франции Франсуа Миттеран не занимали официальных постов в 1980 году, но, как я сообщал в нескольких номерах журнала *World in Review* (WIR) в 1971 году, Кракси было суждено сыграть ведущую роль в итальянской политике, а Миттерану вернуться к власти во Франции - благодаря Римскому клубу.

Эти предсказания и предсказания Гонсалеса оказались на 100% точными. 5 декабря 1980 года на последующей встрече после первоначального заседания CoR в Вашингтоне был одобрен и принят *доклад* CoR "*Global 2000*" - *план глобального геноцида*. Этот доклад призывал к смерти 2 миллиардов человек к 2010 году (отсюда и название). Существует множество доказательств, связывающих этот план с несколькими катастрофическими событиями по всему миру, такими как недавнее катастрофическое землетрясение в Китае.

Вторая конференция также приняла политику эвтаназии, чтобы избавиться от растущего населения пожилых людей, и делегаты с энтузиазмом приняли термин Рассела "бесполезные едоки" в качестве кодового слова для описания миллионов людей, которые в глазах РПЦ являются "лишними".

Есть те, кто считает "депопуляцию" черных, азиатов и других цветных рас хорошей идеей. "В мире и так слишком много (азиатских) индийцев, китайцев и чернокожих, - написал мне один человек, - так почему вы против? ".

Правда в том, что не только эти породы предназначены

для уничтожения; "лишние" промышленные рабочие США также являются мишенью отчета Global 2000. Делегат за делегатом на обоих заседаниях CoR выражали уверенность в своей способности успешно продвигать свои планы.

Празднование двадцать пятой годовщины, состоявшееся в Германии в декабре 1993 года, было призвано отметить то, что было достигнуто к настоящему времени.

Для меня это было также личным оправданием, потому что когда я впервые раскрыл существование РПЦ в 1969 году, надо мной насмехались и издевались. "Вся эта идея - плод вашего бурного воображения", - написал один человек. Другой сказал. "Где документация вашего доклада о Римском клубе? "Встреча в декабре 1980 года была настолько важной, что можно было подумать, что СМИ сделают все возможное, чтобы получить сенсацию. Но это не так. СМИ замалчивали это дело, не упоминая о нем ни в основной прессе, ни на радио, ни на телевидении. Это называется "свобода прессы", по-американски. Американский народ - самый лживый, соучастный и обманутый народ в мире. Мы также являемся самым цензурированным народом - в данном случае цензура путем умолчания.

Чего хотели делегаты? Майкл Харрингтон объяснил: "Вилли Брандт хочет социальных потрясений в Европе", и мы должны помнить, что нынешние социальные потрясения в Германии являются частью этого плана. Это не случайность. Мы не должны думать, что социальные потрясения не придут в Соединенные Штаты.

РПЦ пользуется сотрудничеством самого социалистического правительства, которое когда-либо было в Америке, а именно администрации Картера, которая посвятила себя реализации Коммунистического манифеста 1848 года, что мы видим во внешней политике Картера, который сел на огонь революции в Южной Африке, Филиппинах, Иране, Центральной Америке и Южной Корее. Президенты Клинтон и Г.У. Буш подхватили факел, как мы видели в Югославии.

Польша была дестабилизирована импичментом президента Герека, который организовал Ричард Гарднер, бывший посол США в Риме.

Одним из главных итогов встречи РПЦ стало давление на президента Рейгана с целью сохранения на посту главы нелегальных Федеральных резервных банков представителя Банка международных расчетов в США Пола Волкера. Федеральная резервная система не является институтом правительства США, хорошо описанным Луисом Т. Макфадденом, который назвал ее "величайшей аферой в истории".

Именно Энтони Веджвуд-Бенн, видный лидер лейбористов в Великобритании, настоял на сохранении Волкера, несмотря на предвыборные обещания Рейгана избавить Америку от бича Волкера. Бенн считал, что Волкер - лучший человек для того, чтобы устроить "классовую войну" в Америке. Бенн назначил Рифкина помогать Волкеру в этом начинании, которое, по его словам, "поляризует американцев". РПЦ принимает план по дестабилизации валюты путем повышения и постоянного колебания процентных ставок.

Они хотели избавиться от Гельмута Шмидта, тогдашнего канцлера Германии, потому что он помог стабилизировать международные процентные ставки. Сэр Питер Викерс Холл призвал повысить процентные ставки в США до 20% как лучший способ остановить капиталовложения в промышленность. Волкер старался не появляться на заседании РПЦ, но считается, что он был проинформирован Холлом из Фонда "Наследие". Стюарт Батлер, управляющий директор компании Heritage, сказал делегатам COR следующее:

> *С администрацией Рейгана мы имеем правое правительство, которое будет навязывать радикальные левые идеи. Нет причин, почему коммунисты, анархисты, либертарианцы или религиозные секты* (он говорил о сатанизме, вуду, черной магии, колдовстве и т.д.) *не должны выдвигать свои философии.*

Батлер предложил навязать администрации Рейгана старую социалистическую доктрину "зон свободного предпринимательства". Зоны свободного предпринимательства есть в таких местах, как Манила и Гонконг, не говоря уже о материковом Китае. Это буквально "рабские цеха".

Батлер призвал к созданию зон свободного предпринимательства в районах, где промышленность была выкорчевана и разрушена. Батлер предусматривал закрытие сталелитейных заводов, станкостроительных фабрик и судостроительных верфей.

Самозанятые "производства", столь распространенные в Гонконге, станут подходящим средством трудоустройства для людей, переселенных из обезлюдевших городов, согласно плану постиндустриального нулевого роста.

ГЛАВА 5

МУЖЧИНЫ ПОДОБНЫ НАСЕКОМЫМ

Я знал, что немногие читатели обратят внимание на это предупреждение, написанное в 1981 году, в период бума, обещанного администрацией Рейгана. Но помните, никто не поверил документам, которые были найдены на теле Ланге, посланника иллюминатов. Коронованные главы Европы были не в настроении слушать "тревожные сообщения" баварского правительства о планах иллюминатов устроить кровавый переворот во Франции! Люди не любят, когда нарушается их спокойствие. Как отмечалось выше, РПЦ представляет собой командную структуру Иллюминатов и 13 основных семей Иллюминатов в США. Помните, что якобинский план Французской революции включал в себя убийство миллионов "лишних" французских граждан, особенно бретонских кельтов-христиан, на долю которых выпала основная тяжесть этой дикости. Учитывая это, заявление Миттерана на заседании РПЦ в декабре 1980 года не следует воспринимать легкомысленно:

Капиталистическое промышленное развитие является врагом и противоположностью свободы.

Миттеран имел в виду, что промышленное развитие дало людям лучшую жизнь благодаря сотрудничеству, то есть промышленному развитию, и что когда у людей есть лучшая жизнь, они склонны иметь большие семьи. Поэтому капиталистическое промышленное развитие является "врагом свободы", просто потому, что большие территории сотрудничества (промышленное развитие) склонны потреблять больше своих природных ресурсов (контролируемых Комитетом 300). Такова была извращенная логика политики Римского клуба.

На последующем заседании СРН, состоявшемся в Париже в марте 1982 года, Ауреллио Печчеи, основатель Клуба, сделал следующее заявление

> *Мужчины подобны насекомым. Они слишком размножаются... Настало время предать суду концепцию национального государства, которая стоит на пути мировой культуры. Христианство делает людей гордыми; меркантильное общество, которое создает только мертвую культуру и классическую музыку, гнетущие знаки на бумаге.*

Верите вы в это или нет, но моя статья предназначена для предупреждения граждан Соединенных Штатов о том, что эквивалент якобинских террористических толп будет развязан против нашей ничего не подозревающей нации в свое время. Мафии якобинского типа будут использованы для того, чтобы внести радикальные изменения в образ жизни в Америке, изменения, которые могут продлиться до тысячи лет.

Политика РПЦ направлена на то, чтобы *людей становилось все меньше и меньше, чтобы они потребляли все меньше и меньше и требовали все меньше услуг, во что бы то ни стало*. Это полный разворот нашего общества, где все больше и больше людей требуют лучших товаров, услуг и образа жизни, что является сутью продуктивного общества при республиканской форме правления. Примечательно, что Печчеи ничего не сказал об оккультной теократии, которая маскируется под религию, но таковой не является, будучи политической и экономической системой, предназначенной для контроля человеческой жизни, вплоть до мельчайших деталей, как мы видели в большевистской революции. Печчеи и Римский клуб являются преемниками французской и большевистской революций, социалистов, иллюминатов и множества тайных обществ, которые стремятся превратить Соединенные Штаты в рабовладельческое государство, которое они эвфемистически называют демократией. Соединенные Штаты - это Конфедеративная республика или Конституционная республика. Это никогда не может быть демократия, режим, навязанный народу оккультной элитой, которая имеет долгую историю разрушения свободных обществ.

Как говорили наши отцы-основатели, *каждая чистая демократия в истории терпела полный крах*, и они не планировали, что Соединенные Штаты закончат свою жизнь как несостоявшаяся демократия.

Делегаты Римского клуба обязались не допустить размещения американских ядерных ракет в Европе, что и было выполнено 5 декабря 1981 года. Сотни инициированных РПЦ "якобинцев" вышли на улицы Парижа и Гамбурга: начались беспорядки и гражданские волнения, которые продолжались несколько дней и ночей.

Примечание: В 1989 году акция мафии увенчалась

успехом. Поскольку француз Жискар д'Эстен выступал за создание ядерного зонтика для Европы, РПЦ избавилась от него и заменила его социалистом Миттераном. Одним из главных советников Миттерана был Жак Аттали, оккультист, который верил в самоубийство: "*В демократическом обществе право на самоубийство является самым фундаментальным из прав человека.* Это соответствует убеждению Печчеи в том, что человек является своего рода случайностью в рамках творения, и что большинство групп населения мира не нужны и не должны принимать во внимание их мнение. Это тип оккультной теократии, процветавшей в Египте, Иудее, Сирии и многих других частях древнего мира, в котором культ Диониса играл такую важную роль. На заседаниях Римского клуба стало ясно, что его главная цель и задача - ..:

➢ задержка промышленного развития,
➢ замедлить научные исследования,
➢ депопуляция городов, особенно ранее промышленно развитых городов Северной Америки,
➢ перемещение населения в сельскую местность,
➢ сократить население Земли по меньшей мере на 2 миллиарда человек,
➢ предотвратить реорганизацию политических сил, выступающих против планов РПЦ,
➢ дестабилизировать США путем массовых увольнений и потери рабочих мест, а также классовых и расовых войн,
➢ уничтожают индивидуальное предпринимательство посредством высоких процентных ставок и высоких налогов на прирост капитала.

Теперь, для тех скептиков, которые считают мой доклад "странным" и "надуманным", как называли эту работу, взгляните на законодательство, которое было принято Палатой представителей и Сенатом после встречи этой группы в ноябре и декабре 1980 года и 5 декабря 1981 года. Тот факт, что СМИ подвергают американцев жесткой цензуре - будь то по недосмотру или по умыслу - не делает этот отчет неточным и причудливым. Стоит вспомнить, что когда заговорщики с острова Джекил собрались вместе, чтобы совершить переворот против нашей денежной системы в Америке, который они позже назвали Законом о Федеральной резервной системе, никто об этом не знал - пресса заметала следы банкиров, а ни в чем не повинная американская нация продолжала жить, как ни в чем не бывало. Тот же набор условий применим и к планированию РПЦ.

Конечной целью законодательной деятельности Флоренс Келли была социализация Америки, и она начала формироваться с пугающей скоростью во время администраций Франклина Д. Рузвельта и Джеймса Эрла Картера. Флоренс Келли была известной фабианской социалисткой, у которой Рузвельт искал и получал советы, ставшие основой многих его политических решений. Оглядываясь назад, мы видим, что огромные территории нашего индустриального центра были сведены на нет, 40 миллионов промышленных рабочих постоянно уволены, а расовые распри стали повседневным явлением. Также существует множество социалистических законопроектов, которые напрямую влияют на будущее этой великой страны, фермерские законопроекты, призванные отобрать землю у американских фермеров, законопроекты о "преступности" и "образовании", которые на 100% неконституционны.

Не думайте, что наше правительство будет колебаться в осуществлении социалистических предприятий в Соединенных Штатах, и им не понадобятся иностранные войска для осуществления этих планов. Европа и США разлагаются под воздействием наркотиков, секса, рок-музыки и гедонизма. Мы теряем наше культурное наследие, столь презираемое Ауреллио Печчеи. Американская иерархия была самым большим нарушителем спокойствия в мире. С момента окончания Второй мировой войны мы несем ответственность за дестабилизацию стран и разрушение их национального характера и самобытности. Посмотрите на Южную Африку, Зимбабве (бывшая Родезия), Южную Корею, Филиппины, Никарагуа, Панаму, Югославию и Ирак - вот лишь несколько стран, которые были преданы США.

ГЛАВА 6

ВНЕШНЕПОЛИТИЧЕСКИЕ РЕШЕНИЯ

Мы, народ, отстранены от управления; нас игнорируют, и наша судьба находится в руках тех, кто захватывает оружие, и тех, кто не уважает Конституцию - абортмахеры, детоубийцы, социалистические захватчики власти и всевозможные современные спекулянты. Общий знаменатель, который легко найти во всех оккультных теократиях, древних и современных, - жажда крови.

Обращаясь к истории, мы видим, что страницы учебников истории запятнаны кровью мучеников христианства, достойных республиканских представительных правительств. Об этих реальных холокостах почти не вспоминают, не говоря уже о том, чтобы отмечать их. У Римского клуба есть американское отделение, которое с каждым годом становится все сильнее. Вот список его членов:

> ➤ **Уильям Уипсингер.** Международная ассоциация машинистов
> ➤ **Сэр Питер Викерс Холл.** Закулисный монитор Фонда "Наследие

- **Стюарт Батлер.** Фонд наследия[3]
- **Стивен Хесслер.** Фонд наследия
- **Лейн Киркленд.** *Генеральный директор AFL CIO*
- **Ирвин** Суолл. М16 и агент ADL
- **Рой Марас Кон.** Бывший советник покойного сенатора Джо Маккарти.
- **Генри Киссинджер.** Нет необходимости в представлении
- **Ричард Фальк.** Принстонский университет (выбранный NRC для ведения войны с Южной Африкой, Ираном и Южной Кореей)
- **Дуглас Фрейзер.** Объединенный профсоюз работников автопрома
- **Макс Фишер.** United Brands Fruit Company
- **Аверелл Гарриман.** Старейшина демократической партии, социалист, доверенное лицо семьи Рокфеллеров.
- **Джин Киркпатрик.** Бывший посол США в ООН.
- **Элмо Зумвальт.** Адмирал, ВМС США
- **Майкл Новак.** Американский институт предпринимательства
- **Сайрус Вэнс.** Бывший государственный секретарь
- **Эйприл Глэспи.** Бывший посол в Ираке
- **Милтон Фридман.** Экономист
- **Пол Волкер.** Федеральные резервные банки
- **Джеральд Форд.** Бывший президент
- **Чарльз Перси.** Бывший сенатор США
- **Раймонд Маттиус.** Бывший сенатор США

---

[3] Фонд "Наследие", NDT.

> **Майкл Харрингтон.** Член Фабианского общества
> **Сэмюэл Хантингтон.** Главный специалист по планированию уничтожения стран-мишеней РПЦ
> **Клейборн Пелл.** Сенатор Соединенных Штатов Америки
> **Патрик Лихи.** Сенатор Соединенных Штатов Америки

Это далеко не полный список членов РОК секции США. Мало кто владеет полным списком. Римский клуб - важный международный внешнеполитический орган Комитета 300.

Он является исполнителем и контролером внешнеполитических решений Комитета. НРК получает финансовую поддержку от Немецкого фонда Маршалла, который не имеет никакого отношения к Германии, это название выбрано для создания иллюзии. Членами Германского фонда Маршалла являются следующие организации:

> **Милтон Кац.** Фонд Форда
> **Дэвид Рокфеллер.** Чейз Манхэттен Банк
> **Поезд Рассела.** Председатель, Всемирный фонд дикой природы, Аспенский институт
> **Джеймс А. Перкинс.** Carnegie Corp, филиал британского фонда Carnegie Trust и Общество друзей (квакеров).
> **Пол Г. Хоффман.** Дизайнер, план Моргентау, New York Life Insurance Co.
> **Ирвинг Блюстоун.** Исполнительный совет Объединенных авторабочих
> **Элизабет Миджли.** Продюсер CBS

- **Б.Р. Гиффорд.** Фонд Рассела Сейджа
- **Вилли Брандт.** Бывший президент Социалистического интернационала
- **Дуглас Диллон.** Бывший министр финансов США.
- **Джон Дж. Макклой.** Гарвардский университет, куратор плана Моргентау
- **Derek C. Bok.** Гарвардский университет
- **Джон Б. Кэннон.** Гарвардский университет

Ниже приводится краткое изложение целей Германского фонда Маршалла, который спонсирует встречи РПЦ в Вашингтоне. Он является убежденным сторонником установления социализма во всем мире. Ее главные лидеры происходят из бывшей черной аристократии и европейской аристократии. Их политические цели заключаются в том, чтобы внедрить в правительство все худшие черты автократии, теократии и оккультной теократии.

Разрушение национальной идентичности и суверенитета наций - одна из их главных целей. Буквально сотни их агентов работают в правительствах США на местном, государственном и федеральном уровнях.

Достаточно взглянуть на послужной список десятков членов Палаты представителей, чтобы понять, насколько далеко Германский фонд Маршалла продвинул общий план по социализации Соединенных Штатов. Люди спрашивают меня: "Почему социализм беспокоит вас? "

Ответ: потому что социализм - самый опасный из "измов", стоящих перед западной цивилизацией. На самом деле это ползучий коммунизм.

ГЛАВА 7

ЧТО ТАКОЕ СОЦИАЛИЗМ?

Как однажды сказал один из лидеров фабианского социализма:

"Социализм - не что иное, как дорога к коммунизму, а коммунизм - не что иное, как социализм в спешке".

Американский народ не примет открытого коммунизма, поэтому необходимо кормить ничего не подозревающие массы дозами социализма, пока процесс коммунизации не будет завершен.

В случае с NRC они использовали таких закоренелых социалистов, как покойный Вилли Брандт, бывший президент-социалист Германии, и Джон Дж. Макклой, которые были членами святилища Morgenthau Group.

После Второй мировой войны Макклой был "верховным комиссаром" побежденной Германии и усиленно лоббировал превращение ее в неиндустриальную пасторальную нацию.

В этом ему очень помогли Лесли Гелб и государственный секретарь Джимми Картера Сайрус Вэнс, оба глубоко убежденные социалисты. Гелб и Вэнс неустанно работали над тем, чтобы поставить

США в невыгодное положение во время длительных переговоров по SALT.

Доминирующая внутренняя группа Комиссии по планированию Моргентау, которая является членом Германского фонда маршалов, состоит из следующих лиц

➢ **Аверелл Гарриман, Brown Bros, Harriman, банкиры с Уолл-стрит.**

Гарриман - главный американский чиновник, отвечающий за усилия по привлечению Советов к единому мировому правительству, но оппозиция и недоверие Сталина к новому мировому порядку под руководством США остаются сильными, и он отказывается.

➢ **Томас Л. Хьюз**

Партнер в Brown Bros. Harriman. Разработчик плана Моргентау.

➢ **Роберт Аберкромби Ловетт**

Партнер компании Brown Bros. Harriman и разработчик плана Моргентау.

➢ **Принц Бернхард Нидерландский**

Руководитель Royal Dutch Shell (одна из ведущих компаний Комитета 300 и основатель Бильдербергской группы).

➤ **Кэтрин Мейер Грэм (ныне покойная)**

Декан авторитетной прессы, он был членом семьи Мейер и другом Бернарда Баруха и президента Вильсона. Его отец якобы дублировал облигации Первой мировой войны и хранил миллионы долларов, вырученные от продажи фальшивых облигаций. Он так и не был привлечен к ответственности.

Муж Грэм умер при очень подозрительных обстоятельствах. Спецслужбы считают, что он был убит и что его жена сыграла в этом роль, но ничего еще не доказано. Семья Мейер контролировала огромный инвестиционный банк Lazard Frères.

➤ **Джон Дж. Макклой**

Контролер многочисленных компаний Комитета 300 при Европейском королевском совете, которому он служит финансовым советником.

➤ **Профессор Сэмюэль Хантингтон**

Ярый сионист-социалист, участвовавший в падении большинства правых правительств, ставших мишенью Комитета 300 в послевоенный период.

➤ **Джозеф Реттингер**

Иезуит-социалист, ответственный за вербовку членов Бильдерберга и их знакомство с группой Гарримана, когда-то работал на Уинстона Черчилля. Реттингер считается человеком, который завербовал Клинтона как потенциального будущего лидера социалистов, а затем передал его Памеле Гарриман для подготовки к высокому посту. План Реттингера заключался в создании центральноевропейского государства иезуитов из Польши, Венгрии и Австрии, но послевоенный план не был одобрен Комитетом 300.

Большинство чернокожих дворян и европейских королевских особ связаны брачными узами с британскими олигархическими семьями, восходящими к Роберту Брюсу, который основал Шотландский обряд масонства. Возьмем, к примеру, Ловет. Он является членом Европейского союза, тесно связанным с Макклоем.

Оба мужчины были близкими друзьями семей Ачинклосс и Астор, имеющих тесные связи с британской, голландской, датской и испанской "аристократией". Радзивиллы и Збигнев Бжезинский, советник Картера по национальной безопасности, также работали с этой группой. Все они являются слугами Комитета 300. В группу Royal Dutch Shell входил сэр Базил Захарофф, бывший председатель совета директоров Vickers Arms Company, британской компании по производству оружия, которая заработала миллиарды, поставляя боеприпасы для большевистской революции, Первой и Второй мировых войн. Семья сэра Питера Викерса Холла (закулисного контролера Фонда "Наследие" в Вашингтоне, округ Колумбия) была наследницей этого огромного состояния. Личности, контролирующие американский отдел СРН, следующие:

- ➢ Джин Киркпатрик,
- ➢ Юджин Ростоу,
- ➢ Ирвин Суолл,
- ➢ Майкл Новак,

> ➢ Лейн Киркленд,
> ➢ Альберт Чаиткин,
> ➢ Джереми Рифкин,
> ➢ Дуглас Фрейзер,
> ➢ Маркус Раскин,
> ➢ Уильям Кунслер.

Эти достойные представители не нуждаются в представлении. Они являются социалистическими лидерами, имеющими огромное значение в войне за социализацию Соединенных Штатов. Сотрудниками в борьбе за свержение республиканской формы правления, которой пользуются Соединенные Штаты, являются следующие лица:

> ➢ Гар Апельрович,
> ➢ Бен Ватенбург,
> ➢ Ирвинг Блюстоун,
> ➢ Нат Вайнберг,
> ➢ Сол Чайкан,
> ➢ Джей Лавстоун,
> ➢ Мэри Файн,
> ➢ Джейкоб Шенкман,
> ➢ Рон Делламс,
> ➢ Джордж Макговерн,
> ➢ Ричард Боннет,
> ➢ Барри Коммонер,
> ➢ Ноам Хомский,
> ➢ Роберт Мосс,
> ➢ Дэвид МакРейнольдс,
> ➢ Фредерик фон Хайек,
> ➢ Сидни Хук,
> ➢ Сеймур Мартин Липсит,
> ➢ Ральф Виднер.

Вышеупомянутые лица были связаны с различными социалистическими организациями, такими как Департамент международных дел AFL-CIO, Кембриджский институт современных исследований, Институт политических исследований, Союз работников автомобильной промышленности и Международный союз работников женской одежды, имеющий тесные связи с фабианским социализмом.

Фон Хайек высоко ценится консерваторами как избранный экономист. Сенаторы Джордж Макговерн и Рон Деллумс работали в Конгрессе США.

Некоторые из социалистических изданий, опубликованных вышеупомянутыми людьми, являются:

- *Новая Республика* - Ричард Стюарт и Мортон Кондрейк

- *The Nation* - Нат Хентофф, Маркус Раскин, Норман Бенорн, Ричард Фолк, Эндрю Копкинд

- *Несогласие* - Ирвинг Холл, Майкл Харрингтон *Комментарий* - Карл Гиршман

- *Рабочий документ для нового общества* - Маркус Раскин. Ноам Хомский, Гар Апельрович, Эндрю Копкинд, Джеймс Риджуэй.

- *Запрос* - Нат Хентофф

- *WIN* - Ноам Хомский

С таким количеством уровней в его тесных рядах,

возможно, полезно думать о Римском клубе как о гигантском социалистическом мозговом центре. То, как создавался COR, очень интересно.

Когда Римскому клубу понадобилось координировать некоторые аспекты своей программы Нового мирового порядка, он отправил Ауреллио Печчеи в Англию для обучения в Тавистокском институте человеческих отношений,[4] - матери всех институтов промывания мозгов в мире.

В то время Печчеи был топ-менеджером Fiat Motor Company, гигантского мультиконгломерата "Комитета 300" через его представителей черной аристократии, аристократической семьи Аньелли, той самой семьи, которая отвергла Памелу Гарриман в качестве жены одного из сыновей Аньелли.

Памела вышла замуж за Аверелла Гарримана, 300-летнего государственного деятеля и эксперта по внешней политике США, настоящего "инсайдера".

---

[4] См. *The Tavistock Institute of Human Relations*, Omnia Veritas Ltd, www.omnia-veritas.com.

ГЛАВА 8

НАТО И РИМСКИЙ КЛУБ

Тависток находился под руководством и контролем генерал-майора Джона Роулингса Риза, которому помогали лорд Бертран Рассел, братья Хаксли, Курт Левин и Эрик Трист в качестве специалистов по новым наукам.

Постоянные подписчики журнала *World In Review* знают, что с прибытием миссионеров из Тавистока в Соединенные Штаты вторглось всевозможное зло: тьма, хаос и неразбериха. Олдос Хаксли и Бертран Рассел, которые были видными членами культа Исиды-Осириса.

После того, как Тависток лишил Печчеи тех немногих человеческих качеств, которыми он обладал изначально, его признали "квалифицированным" и направили в штаб-квартиру Организации Североатлантического договора (НАТО).

Эта организация "Комитет 300" была структурирована в первую очередь как политический орган, а во вторую - как группа военно-оборонительного пакта для Европы против опасностей, представляемых СССР. В НАТО Печчеи завербовал старших членов, чтобы они последовали за ним в создании Римского клуба. Другие лидеры НАТО и различные левые политические партии присоединились к СРН, чтобы сформировать Бильдербергскую группу, социалистическое подразделение Комитета 300 по вербовке и обучению.

Каковы были цели и задачи РПЦ? Они в основном следовали Коммунистическому манифесту 1848 года, были социалистическими по своей природе и происхождению, и были мотивированы темными духовными силами, действующими в гностицизме, халдейской черной магии, росикрусианстве, культах Изиды-Озириса и Диониса, демонизме, оккультной теократии, люциферианстве, масонстве и т.д. Свержение западной христианской цивилизации имело первостепенное значение для деятельности РПЦ.

Уничтожение национального суверенитета и национализма всех народов, а вместе с этим и уничтожение миллиардов "лишних" человеческих существ также занимало видное место в повестке дня РПЦ. Печчеи считал, что национальные государства, индивидуальная свобода, религия и свобода слова должны быть сведены в прах под сапогом Нового мирового порядка - Единого мирового правительства, через РПЦ, которая была создана для этого как можно скорее. Задача аналитических центров РПЦ состояла в том, чтобы объединить под одной организацией множество социалистических организаций, которые уже работали над тем, чтобы покончить с западной христианской цивилизацией.

Япония не может остаться в стороне от планов Комитета 300 (COR). Япония также является индустриальной страной, высоко националистическим однородным народом - тип общества, который ненавидят потенциальные лидеры Нового мирового порядка. Поэтому Япония, хотя и не была западной или христианской страной, представляла проблему для планировщиков РПЦ.

Используя Японское общество и Фонд Suntory Дэвида Рокфеллера, план заключался в том, чтобы подорвать наиболее успешное использование Японией американской экономической системы - наследие, оставленное генералом Дугласом Макартуром, - используя косвенные средства. "Косвенные средства" означали индоктринацию Японии социалистическими идеалами, "культурные изменения" в соответствии с планом, "Аквариумный век - Новая эра". Институты и традиции Японии должны были быть медленно, но верно подорваны тем же способом и методом, который был использован против Соединенных Штатов.

Фанатики РПЦ, развязавшие войну против Америки, чтобы "изменить ее общественный имидж", обрушились с яростью на Японию. Дэниел Белл из Тавистока и Дэниел Янкелович, "имиджмейкеры" номер один в Америке, были призваны захватить, по крайней мере временно, и вести свою войну против промышленной базы Японии. Те из вас, кто следил за моей работой с момента ее начала в 1970 году, знают, что взаимодействие между британской секретной службой МИ-6 и Дэвидом Сарноффом из Радиокорпорации Америки (RCA) привело к тому, что британские агенты были назначены на ключевые посты в ЦРУ и Пятом отделе ФБР - его контрразведывательном подразделении. Янкелович из компании "Янкелович, Скелли и Уайт" был выбран МИ-6 для ведения беспощадной войны против американского народа.

Янкелович, антихристианский социалист, который в течение двух десятилетий был в авангарде атаки на ничего не подозревающий американский народ, теперь получил приказ РПЦ сконцентрировать свои ресурсы на атаках на тяжелую промышленность Японии, то, что они называли "дымящимися трубами". Легкая промышленность заслуживала похвалы и поздравлений.

Была надежда, что постиндустриальный крах США с нулевым ростом и тактика Волкера по сокращению кредитования могут быть повторены в отношении Японии. В постиндустриальном обществе, по данным РПЦ, около 50 миллионов американцев будут без работы и постоянно безработными, и еще многие миллионы будут иметь неполную занятость. По мнению РПЦ, это приведет к социальному и моральному упадку, что сделает нацию легкой жертвой для захвата власти Новым мировым порядком - мировым правительством. Коллапс американского среднего класса окажет глубокое влияние на японский экспорт в США.

Подобно американскому народу, которому никогда не сообщали о войне, ведущейся против него с 1946 года, планировщики РПЦ надеялись застать японскую нацию врасплох. Питер Бергер из печально известного Совета по международным отношениям (CFR) - высокопоставленного параллельного правительства США под эгидой Комитета 300, и так называемый антрополог Герберт Пассон - человек, занявший место покойной Маргарет Мид, с радостью приняли новый вызов. В результате на японский рынок хлынул поток литературы "нового века", призванной показать, насколько сильно японская промышленность отдалила рядовых японцев от национальных и традиционных ценностей.

Фильмы, снятые для телевидения о молодежных бандах "рок-н-ролла", стали популярными, заботясь о том, чтобы не раскрыть, что эта аберрация пришла из того же источника, который дал нам "Битлз", Мика Джаггера, Кита Ричарда и всевозможных декадентских, развратных и аморальных выродков - творение Тавистокского института под эгидой РПЦ. Джаггер и Ричардс часто удостаивались почестей от европейских королевских особ. Создается образ, что это вырождение является следствием индустриализации Соединенных Штатов.

Если не будут предприняты согласованные усилия по предотвращению этого, Япония обречена на такой же моральный упадок или, по крайней мере, на такой же тяжелый, как в Соединенных Штатах в эпоху "Битлз-Джаггер-Роллинг Стоунз", примерно с 1960-х по 1980-е годы. Кстати, Джаггер и Ричардс принадлежат к оккультному клубу, созданному люцифериацем Алестером Кроули: Орден Изиды-Озирис Золотой Зари. Главная цель "Исиды-Осириса" - моральное уничтожение молодежи Запада путем неограниченного употребления наркотиков, "свободного секса", гомосексуализма и лесбиянства.

Музыка", которую дегенераты, такие как Джаггер и другие лидеры рок-групп, давали в более позднем возрасте, задавала тон для снижения запретов, делая молодежь страны более легкой для вовлечения в эти порочные практики. Проблема, стоящая сейчас перед РПЦ, заключается в том, чтобы справиться с обратной реакцией, которая неизбежно возникнет, когда безработица, как в Японии, достигнет американского уровня. Японцы вряд ли безропотно подчинятся и смирятся с безработицей, как это уже сделали их американские коллеги.

Японию трудно расколоть, но, подавая свой яд медленно, в отмеренных дозах, РПЦ надеется добиться в Японии революции, которая не пробудит население - другими словами, в предстоящем нападении на Японию будет использована модель США. В США "Аквариумный заговор" Римского клуба имел оглушительный успех. Краткая версия статьи Уиллиса Хармона из РПЦ на эту тему - это все, что нам нужно, чтобы понять, что происходит:

Образы и фундаментальные представления о природе и возможностях человека могут обладать огромной силой для формирования ценностей и действий в обществе. Они (т.е. Хармон и РПЦ) попытались изучить это путем :

> Методы иллюминатов.

> Исследовать, применительно к проблемам современного общества, недостатки нынешних образов человечества и определить необходимые характеристики будущих образов.

> Определить мероприятия высокого уровня, которые могли бы способствовать формированию *Нового образа* (выделено автором) и новых политических подходов к решению ключевых проблем общества.

Мы используем образ человека или человека во

Вселенной для обозначения совокупности предположений о происхождении, природе, возможностях и характеристиках человеческих существ, их отношениях с другими людьми и их месте во Вселенной. Целостный образ может быть у отдельного человека, группы, политической системы, церкви или цивилизации. В большинстве обществ существует образ человека, который определяет его социальную природу. Например, образ человека - это гештальт-восприятие человечества, как индивидуального, так и коллективного, по отношению к себе, обществу и космосу.

Это полная чушь, оккультный трюк, призванный обмануть неосведомленных. По большей части, предположения о природе человеческих существ являются бессознательными. Но продолжим попытку Хармона промыть нам мозги:

Только когда эти скрытые предположения признаются и становятся известны всем, можно построить образ человека, этот образ можно тщательно изучить, сохраняя перспективу и отвергая или изменяя ее (выделено автором). Образ может быть уместен на одном этапе развития общества, но после завершения этого этапа использование образа в качестве постоянного руководства к действию, скорее всего, создаст больше проблем, чем решит. Наука, техника и экономика добились действительно значительных успехов в достижении основных целей человека, таких как физическая безопасность, материальный комфорт и улучшение здоровья.

Но многие из этих успехов привели к проблеме чрезмерного успеха. Проблемы, которые сами по себе кажутся неразрешимыми в рамках того набора социальных ценностных предпосылок, которые привели к их возникновению. Наша высокоразвитая технологическая система привела к уязвимости и краху. Взаимосвязанное воздействие возникших общественных проблем сегодня представляет собой серьезную угрозу для нашей цивилизации.

Другими словами, наши западные идеалы, вера в семью, святость брака, вера в свою страну, национальная гордость, национальный суверенитет, гордость за наши религиозные убеждения, гордость за расу, наше доверие к всемогущему Богу и наши христианские убеждения - все это устарело, - считает Хармон из РПЦ.

Для иллюминиста и первосвященника РПЦ "быть слишком успешной" означает быть слишком успешной индустриальной страной с полной занятостью и народом, имеющим достойный уровень жизни.

ГЛАВА 9

ВОЗВРАЩЕНИЕ В ТЕМНЫЕ ВЕКА

Хармон имел в виду, что американцы, благодаря обществу, основанному на промышленности, пользуются слишком большой свободой, что привело к ситуации, когда людей просто слишком много, поэтому их нужно собрать и уничтожить, чтобы РПЦ могла сдержать промышленный рост, а значит и рост населения. Правда в том, что западная христианская цивилизация представляет собой угрозу - не для цивилизации, а для будущего оккультной теократии, запланированной для мира Комитетом 300.

Хармон выступает за возвращение в темные века, в новый темный век, под диктатурой единого мирового правительства.

Хармон, первосвященник РПЦ, представил сценарий, прямо противоречащий Божьему закону, который гласит, что мы должны плодиться, размножаться и покорять землю, не для блага РПЦ и Комитета 300, а для свободы нашего народа в США и других людей, которые решили уважать свою национальную идентичность.

Люцифериане, которым служит Хармон, члены культа Диониса, "олимпийцы", говорят: "Нет, мы были помещены сюда, чтобы править Землей, и только мы будем пользоваться ее благами". Первосвященник Хармон заключает следующим образом:

Мы должны быстро изменить индустриально-технологический образ человека. Анализ природы проблем современного общества приводит нас к выводу, что образы многих людей, которые доминировали в последние два столетия, окажутся неадекватными для постиндустриальной эпохи. Образ человека, соответствующий этому новому миру (который не является новым - концепции, сатанинской концепции, четыре тысячи лет), должен быть найден, синтезирован и затем жестко встроен в мозг человечества.

Образ экономического человека эпохи итальянского Возрождения, индивидуалистического, материалистического, ищущего объективные знания, неуместен и должен быть отброшен. Индустриальное государство на данном этапе имеет огромный импульс, но не имеет направления, прекрасную способность дойти до цели, но не имеет представления о том, куда оно идет. В некотором смысле, крах старых образов привел скорее к отчаянию, чем к поиску нового образа. Несмотря на пессимизм, подразумеваемый отстающим доминирующим образом, есть много признаков того, что может появиться новый, предвосхищающий образ человечества.

Что на самом деле означает эта мумбо-джамбо - то, что Хармон говорил на самом деле - это то, что индустриальные общества, такие как США и Япония, должны быть уничтожены, потому что индустриальное общество стало неуправляемым. По словам Хармона, разрушение промышленности приведет к разрушению всех наших основных моральных ценностей, наших основных верований в Бога и страну, нашей христианской культуры, что быстро приведет к возвращению в мир **оккультной теократии**, правящей в новом темном веке, по словам первосвященника Хармона:

> *...девятнадцать образов человека доминируют в различных эпохах, и из каждого он извлекает характеристики, которые считает полезными для замены индустриально-технологического образа, программы, которой РПЦ и Комитет надеются подражать и которая превратит народы мира - тех, кто останется в качестве бездумных рабов после бойни Глобал 2000, в новую темную эпоху - так называемый Новый мировой порядок.*

Согласно плану Хармона, человечество должно быть идентифицировано как часть животного царства. Хармон утверждает, что правящая элита упорядочена в постиндустриальном образе и что ветхозаветный образ человека, господствующего над всей природой, должен быть отброшен как опасный.

Зороастрийский образ является более предпочтительным. Индийская и азиатская система йоги предпочтительнее христианства - по мнению Хармона, потому что она принесет необходимую "самореализацию". Этот эвфемизм - просто прием, используемый Хармоном для указания на то, что христианство должно быть заменено оккультными верованиями, подобными тем, которые исповедуют члены Исиды-Осириса и Культа Диониса. По словам первосвященника Хармона, христианский образ человека должен быть заменен. Человек должен перестать думать, что он нуждается в Боге. Человеку давно пора поверить в то, что он хозяин своей судьбы и что он может сам о себе позаботиться.

Чего сегодня не хватает в наших христианских церквях, так это знания и понимания оккультизма и тайных обществ, которые существуют повсюду. Наши христианские учителя и читатели должны ознакомиться с царством религиозных теократий и тем, куда они ведут Церковь Христа.

Вместо того чтобы отбросить красоту и чистоту Ренессанса, мы должны еще больше держаться за него и защищать его бесценное наследие. Вот обзор некоторых мер, за которые выступает Хармон, чтобы планы РПЦ по установлению нового мирового порядка сработали:

> Участие молодежи в политических процессах.
> Женские освободительные движения.
> Черное сознание.
> Бунт молодых людей против "пороков" общества.
> Повышенный интерес к корпоративной социальной ответственности.
> Разрыв поколений.
> Индуцированное предубеждение против промышленности и технологий среди молодежи.
> Экспериментирование с новыми структурами семьи (т.е. неполные семьи, однополые "пары" и лесбийские "домохозяйства").
> Должны быть сформированы консервативные экологические группы.
> Интерес к восточным религиям должен

усердно применяться в школах и университетах.

Эти пункты Манифеста Хармона можно почти наложить на Коммунистический манифест 1848 года. Есть небольшие различия скорее в стиле, чем в содержании, но основной принцип, согласно которому мир должен стать социалистическим государством, которое будет прогрессировать до коммунизма, проходит красной нитью через оба документа. Основная и скрытая тема та же, что и у коммунистов-большевиков: "Стойте на нашем пути на свой страх и риск". Тактика террора - это наша тактика, и мы будем использовать ее без страха и предпочтения. Мы уничтожим вас, если вы выступите против нас. Как я уже говорил ранее, идеалам Нового века, представленным Хармоном, тысячи лет. Друиды сжигали людей в плетеных корзинах в жертву своим богам, а их жрицы капали кровь жертв в ведра.

Французская революция стоила жизни сотням тысяч невинных жертв, как и большевистская революция. Коммунисты гордились тем, как они пытали и убивали миллионы христиан. Почему мы думаем, что РПЦ, оккультная теократия, не сделает то же самое, когда ей будет предоставлена такая возможность? Это убийцы, духовно мертвые люди, с которыми мы имеем дело, те, кого Христос называет властителями тьмы, нечестивыми на высоких постах, и настало время, чтобы каждый из нас, будь то японец или американец, проснулся от опасностей, угрожающих цивилизации.

Когда эта атака на Бога и человечество была записана Хармоном в 1974 году, четырнадцать принципов, стоявших за Хармоном, были осторожны и не раскрывали прямого участия различных учреждений, которые они намеревались использовать для производства, создания и продвижения в качестве тарана контркультуры. Опьяненный властью и ожидая, что американская общественность не отреагирует, Хармон решил использовать Мэрилин Фергюсон в качестве прикрытия, чтобы выпустить кота из мешка.

Хармон разыграл Мэрилин Фергюсон, совершенно неизвестную бездарную женщину, которая прославилась как предполагаемый автор "Акварианского заговора", перевода вымышленной книги, но Хармон не сказал зрителям, что Фергюсон и все участники были всего лишь наемниками, которых содержала РПЦ, и что именно РПЦ вызвала к жизни *"Акварианский заговор".*[5]

Эта новая версия векового заговора началась в 1960 году и продолжала расти как раковая опухоль на теле политики в течение 1968 года, распространяя постиндустриальное послание контркультуры, основанной на оккультных тайных обществах, названий которых великое множество.

Основатели уже названы. Его официальными органами были Тавистокский институт, Институт социальных отношений и Стэнфордский исследовательский центр, где прикладная социальная психиатрия играла центральную роль в формировании и направлении НАТО на принятие долгосрочной стратегии РПЦ, которую истеблишмент окрестил движением

---

[5] "Акварианский заговор", Ndt.

"Аквариум - Новый век".

За время моей карьеры мне писали многие люди, спрашивая, почему я не писал о "Новом мировом порядке". Я пишу на эти и другие темы с 1969 года. Проблема в том, что люди не слушали такого неизвестного человека, каким я был тогда. Но когда такая чокнутая, как Мэрилин Фергюсон, поддерживаемая мощью Фонда Рокфеллера, выступила с тем же самым, о чем я предупреждал, они спросили: "Где вы были; почему вы не сказали нам об этом?"

Правда в том, что я обратил внимание подписчиков на свою работу, "Новую эру Водолея", Римский клуб и Комитет 300 задолго до того, как эти имена стали известны другим - точнее, на пятнадцать лет раньше.

Оглядываясь назад, можно сказать, что мои репортажи опередили свое время, задолго до того, как эти вещи стали известны другим писателям правого толка в Америке.

Одна из первых атак на Соединенные Штаты началась с Кубинского ракетного кризиса, когда Джон Кеннеди отверг советы Тавистокского института, CFR, Института Рэнда и Стэнфорда. Это сделало Кеннеди мишенью для устранения. Его убийство, до сих пор завуалированное множеством противоречивых сообщений, является серьезным оскорблением для американского народа. Я изложил все, что мне известно об исполнителях этого чудовищного преступления, в своей книге "Комитет 300",[6], пересмотренной,

---

[6] *Иерархия заговорщиков, история Комитета 300*, Omnia Veritas

обновленной и опубликованной в январе 2007 года.

Кеннеди принял оборонную стратегию "мягкого ответа", которая не основывалась на психологической войне, проводимой политическим крылом НАТО через планировщиков гражданской обороны. Однако Кеннеди решил сократить расходы на гражданскую оборону и вместо этого создал новую масштабную космическую программу для технологической модернизации промышленности США. Тем самым Кеннеди подписал себе смертный приговор. Посмотрите на мощь сил теократии Нового мирового порядка. Они без колебаний совершили убийство президента США в ноябре 1963 года.

В начале 1963 года некое агентство убийств, название которого я не имею права раскрывать, подписало контракт с Тавистокским институтом человеческих отношений. Обратите внимание на неправильное использование слов "человеческие отношения". Контракт был заключен с несколькими американскими филиалами Тавистока, включая Стэнфордский исследовательский центр, Институт социальных отношений и корпорацию "Рэнд".

Затем Тависток обнародовал результаты "научных исследований", проведенных этими аналитическими центрами, и передал эту информацию политическому крылу НАТО.

Те из вас, кто возлагает свои надежды на НАТО,

Ltd. www.omnia-veritas.com.

должны понимать, что происходит. НАТО - это создание Римского клуба, который подчиняется организованному органу слуг, известному как Комитет 300.

ГЛАВА 10

ТАЙНЫЕ ОБЩЕСТВА ПРАВЯТ ЗА КУЛИСАМИ

Вслед за этим в 1966 году доктор Анатоль Раппапорт, редактор *журнала "Человеческие отношения"*, издаваемого Тавистоком, отметил, что космическая программа НАСА была излишней, и что США были заняты космическими программами, в то время как им следовало бы потратить деньги на исследования "человеческого качества".

Ожидалось, что отчет *журнала "Human Relations"* настроит американское общественное мнение против космических программ. После убийства Кеннеди некоторое время казалось, что наша космическая программа будет заброшена, но затем в ноябре на выборах одержал убедительную победу Рональд Рейган, что привело к беспрецедентной встрече высшего руководства РКЦ в Вашингтоне в ноябре 1980 года.

Как я часто утверждал в своих лекциях и работах с 1969 года, миром управляют люди, сильно отличающиеся от тех, кого мы видим спереди, - это наблюдение впервые прославил лорд Биконсфилд (Дизраэли). Время от времени нас предупреждают об истинности этого наблюдения, но в завуалированной форме. Похоже, что так называемые лидеры единого мирового правительства иногда не могут сдержать себя, когда одерживают большую победу.

Пример того, что я имею в виду, привел полковник Мандел Хаус, контролер президентов Вильсона и Рузвельта. Хаус написал книгу *"Филипп Дрю: Администратор"*, *которая* должна была быть фантастикой, но в действительности представляла собой подробный отчет о том, как тайное правительство Соединенных Штатов должно было быть продано в рабство Единому мировому правительству - Новому мировому порядку.

Дизраэли, легендарный премьер-министр Великобритании, ведущий парламентарий и ставленник Ротшильдов, представил отчет о работе секретного правительства Великобритании под названием *"Конингсби"*, *в* котором говорилось, что тайные группы, контролирующие британское и американское правительства, намеревались управлять миром. Тайные общества были и остаются заклятыми врагами свободного мира. Пока среди нас процветают такие разнообразные и многочисленные тайные общества, мы не являемся свободными людьми. Размахивание флагами и барабанный бой патриотизма в день Четвертого июля не изменят этой суровой правды.

В тайных обществах есть лидеры, которые управляют миром из-за кулис. Если мы хотим понять текущие события в области политики и экономики, нам необходимо хорошо разбираться в тайных обществах.

Римский клуб (COR) - это всего лишь продолжение,

постоянный союз древних семей черной знати Европы, в которых доминируют оккультные верования и практики тысячелетней давности. Древние мизраимские обряды Египта (до прихода сыновей Ноя), Сирии, Вавилона и Персии были перенесены в Европу венецианскими и британскими олигархами.

Богомилы, катары - это те виды "религиозных верований", которые повлекли за собой атаку на христианские взгляды и западные принципы. Любовь Востока к интригам была перенесена на Запад, и результаты оказались настолько далеко идущими, что зачастую не поддаются нашему воображению.

Ущерб, нанесенный этими тайными обществами, впечатляет. Например, мы знаем, что Крымская война была начата по прихоти масонства, и что Первая и Вторая мировые войны шли по тому же пути. Мы никогда не сможем узнать, насколько сильно влияют на текущие события темные и скрытые силы тайных обществ среди нас.

Бурская война, возможно, самая важная война 20 века, потому что в ней тайные общества и их загадочные религии противостояли христианской нации свободы и патриотизма, агрессорам, чьим намерением было лишить буров их недавно открытого золота. Одним из самых влиятельных людей в британской политике в этот неприличный период истории Великобритании был лорд Пальмерстон, который состоял во многих тайных обществах и на руководство парламентом которого влияло масонство. Пальмерстон сам признал, что это правда.

Поэтому нам, людям, необходимо проснуться и

осознать, что мы находимся в конфликте с духовно нечестивыми людьми, занимающими высокие посты. Мы не против простых физических сущностей. Невидимые силы сильнее видимых. Эти силы контролируют Соединенные Штаты, и мы видим это на примере того, что более 75% демократических членов Палаты представителей и Сената являются закоренелыми социалистами.

Харлан Кливленд

Возможно, самым известным членом USACOR является Харлан Кливленд, бывший посол США в НАТО в 1960-х годах и бывший вице-президент Атлантического совета, главного представительства НАТО в США.

Кливленд возглавлял офис в Принстоне, штат Нью-Джерси, Аспенского института гуманистических исследований, американского отделения Тавистокского института человеческих отношений. Предполагается, что Аспен является "мозговым центром", занимающимся вопросами окружающей среды, но это лишь фиговый листок, дымовая завеса, прикрывающая его настоящую деятельность - ведение войны против американской промышленности и сельского хозяйства.

Уильям Уоттс

Член Атлантического совета и директор компании Tomack Associates, которая занималась распространением книги COR *"Пределы роста"*, исследования 1972-73 годов, призванного показать, как промышленность и "чрезмерное развитие сельского хозяйства" разрушают экологию. Уоттс обвиняется в распространении замаскированной версии старой теории нулевого роста Томаса Мальтуса, которая на самом деле возникла в древнем культе Диониса.

Джордж МакГи

Г-н МакГи, член Атлантического совета, является бывшим заместителем госсекретаря по политическим вопросам НАТО и бывшим послом США в Турции. Позже он работал послом США в Бонне, Германия.

Клейборн К. Pell

Пелл был сенатором США от Род-Айленда и бывшим парламентским представителем США в Атлантическом совете. Пелл является убежденным сторонником политики СРН, согласно которой силы НАТО должны следить за соблюдением экологических стандартов во всем мире. Пелл решительно поддерживает деиндустриализацию всех стран, включая США. Он часто выражал симпатию к теории Рассела об уничтожении "избыточного населения". Пелл вместе с Сайрусом Вэнсом участвовал в составлении условий доклада "Global 2000". Пелл сотрудничает с Сайрусом Вэнсом и генеральным секретарем НАТО Джозефом Лунцем, а также часто посещает бильдербергские встречи.

Дональд Леш

Бывший сотрудник Tomack Associates, Леш является исполнительным директором USACOR. В свое время он также работал в Агентстве национальной безопасности (АНБ) и помогал Киссинджеру создавать европейский аппарат АНБ. В этом контексте он работал с Гельмутом Зоненфельтом, который был связан с Киссинджером как сиамский близнец с момента обнаружения досье Бамберга. Уильям Хайленд, представленный как специалист по Советскому Союзу, также работал в европейском офисе АНБ.

Сол Линовиц

Наиболее известный за составление мошеннического и неконституционного договора о Панамском канале, Линовиц стал доверенным лицом Картера и хорошо известен в Комитете 300, Rank Xerox Corporation и является членом Комитета 300.

Дж. Уолтер Лью (Леви)

Леви является постоянным нефтяным аналитиком Совета по международным отношениям (CFR) в Нью-Йорке, директором Атлантического совета и членом Бильдербергской группы. Леви разработал программу комиссии международных социалистических политиков Брандта. Хотя Брандт почти всегда находится в состоянии опьянения, он, тем не менее, является одним из самых опасных социалистов на современной сцене.

Джозеф Слейтер

Г-н Слейтер является директором Аспенского института, социалистической штаб-квартиры Комитета 300 в США. Ранее он был послом США в НАТО. Это одни из ключевых игроков в гнезде подстрекателей к мятежу в США. Их основная функция заключается в ускорении постиндустриального плана нулевого роста, разработанного РПЦ, и превращении бывших промышленных городов Северо-Востока в рабские трудовые единицы под названием "зоны предпринимательства". Одной из целей является программа SDI президента Рейгана, которая положила бы окончательный конец безумной стратегии Киссинджера и Роберта Макнамары. НАТО развернута для того, чтобы объединить все аспекты антиамериканской повестки дня.

ГЛАВА 11

НАСА И РИМСКИЙ КЛУБ

Примером может служить участие США в Фолклендской войне, когда США предоставили вспомогательные средства, позволившие британским войскам одержать победу над Аргентиной, которую пришлось усмирить, благодаря ее превосходной программе экспорта атомных электростанций.

Одним из главных достижений Американского Римского клуба на сегодняшний день стало изъятие космической программы у военных и передача ее НАСА, гражданскому агентству. Бывший президент Эйзенхауэр был более чем счастлив выполнить инструкции, полученные им из Лондона, чтобы осуществить это изменение.

Но этот шаг, возможно, не оправдал себя. В мае 1967 года исследование профиля НАСА, проведенное Тавистокским институтом человеческих отношений, показало, что НАСА стало крупным работодателем промышленного и научного персонала, что прямо противоположно планам КОР по деиндустриализации. Отчет Тавистока вызвал тревогу в офисах подстрекателей и предателей от Колорадо до Вашингтона и Нью-Йорка.

Их ответом стало создание "специального комитета" под руководством Роберта Штрауса Хаптфца, посла США в НАТО. Задача комитета заключалась в принятии срочных мер по предотвращению ущерба, которые, как надеялись, покалечат НАСА. Была созвана встреча для обсуждения того, что было названо "трансатлантическим технологическим дисбалансом и сотрудничеством". Встреча проходила в Довиле, Франция, на ней присутствовали Ауреллио Печчеи и Збигнев Бжезинский.

Это собрание подстрекателей и врагов народа Соединенных Штатов было удобно проигнорировано средствами массовой информации, теми же самыми, которые позже будут стремиться - и преуспеют - убрать президента Никсона из Белого дома.

Именно на этой встрече Бжезинский черпал вдохновение для своей книги "*Между двумя веками: технотронная эра*", которую я подробно цитировал в своей книге "*Комитет 300*".

В этой книге Бжезинский излагает идеал социалистического Нового мирового порядка, основанного на оруэлловских концепциях; мир, управляемый интеллектуальной элитой и суперкультурой, основанной на сети электронных коммуникаций, в концепции регионализма с символическим национальным суверенитетом.

Довильская конференция пришла к выводу о необходимости сближения идеалов США и СССР (идея, полностью отвергнутая Сталиным, который был настоящей занозой в боку Комитета 300).

Такая "конвергенция" приведет к созданию единого мирового правительства, которое будет управлять мировыми делами на основе подлинного кризисного управления и глобального планирования. Следует напомнить, что это предложение Рокфеллера было с презрением отвергнуто Сталиным, и именно его отказ присоединиться к Новому мировому порядку привел к Корейской войне.

Даже извращенная, отцензурированная и неточная история Второй мировой войны, написанная оплачиваемыми Рокфеллером писателями, показывает, что США никогда не боролись с коммунизмом. Как это возможно, когда элита эпохи Вильсона и банкиры Уолл-стрит были теми же самыми, кто привел Ленина и Троцкого к власти в сговоре с лордом Альфредом Милнером и банкирами лондонского Сити?

Вторая мировая война была искусственной ситуацией. Гитлер был создан банкирами Уолл-стрит и лондонского Сити, очевидно, с целью окружить Сталина и поставить его на колени, после того как он начал отвергать предложения установить "общее мировое господство".

Сталин не доверял тем, кого он называл "вашингтонскими космополитами". Гитлер был уничтожен, потому что он пошел против своих контролеров, которые затем, в своей собственной диалектической манере, до конца поддержали Сталина в том, что они воспринимали как меньшую из двух опасностей. Не имея возможности контролировать Гитлера, международные банкиры были вынуждены уничтожить его.

Чистым результатом Второй мировой войны стало появление более сильной и грозной коммунистической системы, способной распространить свои щупальца по всему миру. Советский Союз превратился из региональной в глобальную державу.

Вторая мировая война стоила миллионов жизней и миллиардов долларов, и все из-за шокирующего нерационального использования ресурсов людьми с грандиозными планами по управлению миром, и я не говорю о Гитлере и Сталине. Я говорю о CFR, RIIA, Римском клубе и Комитете 300. Если кто-то может дать мне список предполагаемых преимуществ Второй мировой войны или объяснить, какие "свободы" она принесла народам Америки или Европы, я с удовольствием выслушаю его.

Насколько я могу судить, мир сегодня в тысячу раз хуже, чем в 1939 году. Социализм захватил США в результате Второй мировой войны. Наша промышленность была разрушена; миллионы рабочих потеряли работу. Мы не можем винить Гитлера (или Сталина) за это искусственное положение вещей. Печчеи выразил это в перспективе, когда сказал:

> ... С тех пор как в христианстве наступило тысячелетие, массы людей находятся в напряженном ожидании надвигающихся неизвестных событий, которые могут полностью изменить их общую судьбу. Человек не знает, как быть по-настоящему современным человеком.

Печчеи говорил нам, что оккультисты, эзотерики, Нью-Эйджеры - они знают, что для нас хорошо, и нам лучше подчиниться диктату Нового мирового порядка или быть уничтоженными.

Мы должны научиться жить и вести себя в рамках

модели *пределов роста* РПЦ, которая включает в себя ограничение на религии, которым мы можем следовать. Мы должны научиться жить в рамках ограничений, наложенных на нашу экономику РПЦ, а не восставать против нового валютного порядка.

Мы также должны принять идею о том, что нас можно заменить. Печчеи говорит, что "человек придумал историю о злом драконе, но если и был на земле злой дракон, то это сам человек".

Затем Печчеи излагает весь план игры:

> *С тех пор как человек открыл ящик Пандоры новых технологий, он страдает от неконтролируемого распространения человечества, мании роста, энергетического кризиса, потенциальной нехватки реальных ресурсов, деградации окружающей среды, ядерного безумия и бесчисленных других недугов.*

ГЛАВА 12

БЕСПОРЯДОЧНОСТЬ ДЕНЕЖНЫХ СИСТЕМ

В этих нескольких словах мы находим весь набор планов для человечества, изложенных РПЦ для Комитета 300.

Это в двух словах отвечает на самый часто задаваемый вопрос: *"Зачем им это нужно?* "Здесь мы имеем эзотерика худшей степени, который говорит народу, что РПЦ, выступая от имени своих хозяев в Комитете 300, знает, что лучше для всего мира.

Вскоре после своего выступления Печчеи принял модель "World Dynamics", построенную для Комитета 300 Джеем Форрестером и Деннисом Медоузом, которая представляет собой модель глобального планирования, призванную продемонстрировать неустойчивость сложных систем, чтобы показать, что в мировой экономике должны преобладать структуры меньшего масштаба. Для этого, разумеется, доклад Медоуза-Форрестера основывал свои идеи исключительно на негативных и ограничительных экономических исследованиях Мальтуса и Адама Смита, британского экономиста из Ост-Индии, который сформулировал политику "свободной торговли" Великобритании.

Мифическая экономика Форрестера Медоуза игнорирует изобретательность человека, который найдет неисчерпаемые запасы новых минералов или ресурсов, о которых мы еще не знаем. На самом деле, то, что истощает наши ресурсы, - это бумажные деньги, если вообще можно назвать что-то бумажными деньгами.

Денежная система США находится в гигантском беспорядке из-за вмешательства членов олигархической иерархии, намерение которых - сделать из всех нас рабов.

Только необеспеченные бумажные деньги наносят вред природным ресурсам планеты, и под необеспеченностью я подразумеваю то, что доллары США не обеспечены серебром и золотом, как того требует Конституция Соединенных Штатов Америки. На самом деле, в Соединенных Штатах сейчас нет законного платежного средства, и никогда не было с момента появления закона о Федеральной резервной системе.

Неудивительно, что мы оказались в такой финансовой неразберихе, когда частному консорциуму (Федеральному резервному банку) было позволено завладеть нашими деньгами и использовать их по своему усмотрению, без какого-либо контроля над ними со стороны людей, которые ими владеют.

Экономика, основанная на золоте и серебре, будет обновлять и перерабатывать природные ресурсы. Общество, основанное на ядерном делении, откроет новые возможности. Однако Медоуз и Форрестер проигнорировали магию термоядерной вспышки.

Легко объяснить, как РПЦ может игнорировать новые технологии. Просто потому, что они ему не нужны.

Новые технологии означают новые рабочие места и более процветающий народ. Более процветающее население означает увеличение населения Северной Америки, что, по мнению представителей COR, нежелательно и представляет угрозу для жизни на Земле!

Правда заключается в том, что мы даже не начали эксплуатировать природные ресурсы Земли. Вся концепция Нового Темного Века и Нового Мирового Порядка, от Рассела до Печчеи, от Медоуза до Форрестера, фатально ошибочна и разработана для замедления промышленного роста, занятости и, в конечном счете, уничтожения населения Земли.

(ПРИМЕЧАНИЕ: Конференция ООН по контролю над народонаселением, состоявшаяся в Каире в августе 1994 года, стала продолжением плана "Глобал 2000" по уничтожению 2,5 миллиардов человек к 2010 году).

Что касается ядерной энергии, г-н Печчеи сказал:

Я более пессимистичен и радикален, чем мои друзья, в своих суждениях о ядерном решении. Я не в состоянии судить или даже предполагать, можно ли сделать его чистым, безопасным и надежным для человеческого общества, как утверждают многие ученые и почти все политики и промышленники.

Но я готов утверждать, что то, что не является достаточно надежным, безопасным и чистым, - это само человеческое общество. Я потратил много страниц, описывая ее беспорядочное состояние, ее неспособность управлять собой, действовать рационально и гуманно и ослабить напряженность, которая разрывает ее на части, и поэтому я не могу поверить, что в своем нынешнем состоянии она может выйти из ядерной энергетики.

Это почти копия того, что говорят экологические группы о том, что ядерная энергия является самым дешевым, чистым и безопасным источником энергии в мире.

Это также средство для создания миллионов новых, стабильных, долгосрочных рабочих мест.

Я не могу представить, что это же общество сможет в течение нескольких десятилетий разместить и надежно защитить несколько тысяч огромных атомных электростанций и перевезти через всю планету и переработать даже четверть смертоносного плутония 239, в десять тысяч раз больше, чем потребуется, чтобы убить всех живущих сегодня.

Вопрос о том, что человечество должно приступить к использованию ядерной энергии, не будучи предварительно готовым всей своей человеческой системой к безрассудному и безответственному поведению, - это вопрос; реальные проблемы не технические или экономические, а политические, социальные и культурные.

Те, кто сегодня опьянен малыми дозами ядерного наркотика, как я его назвал, и кто продвигает программу его распространения по всему телу общества, фактически обрекают своих преемников на то, что завтра они будут жить исключительно под его воздействием.

А почему бы и нет! Атомная энергия - это величайшее открытие, которое когда-либо знал мир. Это освободит нас. Вот почему враги человечества, Римский клуб, борются на всех фронтах, чтобы обесценить ядерную энергию и представить ее как страшную опасность для нас. Ядерная энергия безопасна. До сих пор никто не погиб от ядерной энергии, работая на такой станции.

Это даст нам большую свободу, оживит наш промышленный потенциал - вдохнет в него новую жизнь - и даст нам большую свободу как личностям, потому что миллионы из нас будут иметь долгосрочную, хорошо оплачиваемую работу. Большая свобода является анафемой для Римского клуба. Римский клуб хочет уменьшить свободу личности, а не увеличить ее. В этом и заключается суть проблемы ядерной энергии.

Далее Печчеи одним предложением отверг ядерное деление и сказал:

> *Его осуществимость еще предстоит продемонстрировать, но в настоящее время ни один план на будущее не может быть надежно основан на нем. Маловероятно, что энергия станет изобильной, недорогой и не будет иметь экологических и социальных недостатков.*

> *Если бы была доступна изобильная, дешевая и чистая энергия, то перспективы технологических решений для производства продуктов питания и материалов были бы очень хорошими.*

Он остановился на этом, но вот в чем дело: Римский клуб не хочет, чтобы мы увеличивали наши технологические возможности, производили больше продуктов питания и повышали уровень жизни.

Она разработала программу под названием "Global 2000", которая призывает к гибели 2 миллиардов человек к 2010 году, хотя окончательная цифра, которую я видел в докладе, говорит о том, что Римский клуб будет удовлетворен, если к 2010 году с лица земли будет стерто 400 миллионов человек.

Печчеи дал понять, что новые научные открытия и новые технологии как средство увеличения материального прогресса нежелательны для Римского клуба, который претендует на роль единственного арбитра глобального планирования в рамках НАТО.

Это, конечно, после того, как они захватили и покорили мятежную Россию. И я повторяю, то, что мы видим сегодня в мире, - это раскол между Америкой и Россией. В качестве предупреждения Печчеи использовал искусственно созданное нефтяное эмбарго во время арабо-израильской войны 1973 года. Он сказал, что это заставило "многих людей присоединиться к мышлению Римского клуба".

Она действительно стала отправной точкой для многих людей, которые порвали со своим старым образом мышления и стали гораздо серьезнее относиться к советам Римского клуба. Я уже говорил, что эти люди иногда не могут держать язык за зубами. Вот человек, который открыто признает, что арабо-израильская война 1973 года была искусственной ситуацией, вызванной ложной нехваткой нефти в мире, и тем самым убедил больше людей в том, что меньшее лучше и красивее, и что промышленный прогресс должен быть сдержан.

Смысл существования Римского клуба, конечно, в том, что доказательства этих утверждений, сформулированных в отчетах Форрестера-Мидоуза, стали достоянием многих людей в результате нефтяного эмбарго 1973 года. В период 1973-74 годов влияние Римского клуба на политику многих правительств резко возросло.

Королева Нидерландов Юлиана приказала устроить в центре Роттердама выставку идей Римского клуба. Вскоре после этого Клуб провел встречи с министром финансов Франции и создал так называемый *"Интернационал без порицания"* для обсуждения последствий доклада Римского клуба.

ГЛАВА 13

МРАЧНЫЕ ПРОГНОЗЫ

В 1972 году Печчеи был приглашен Советом Европы представить доклад под названием "Пределы роста в перспективе" на специальной сессии европейских парламентариев.

В начале 1974 года благодаря работе Печчеи и канцлера Австрии Бруно Крыски - социал-демократического друга Вилли Брандта - десять членов Римского клуба провели закрытую встречу с главами нескольких государств, включая бывшего премьер-министра Канады Пьера Трюдо, бывшего премьер-министра Нидерландов Йоопа Ден Уйла, бывшего президента Швейцарии Нелло Тиелло, представителей Алжира и Пакистана и др. По словам Печчеи, семена сомнения уже посеяны.

Отчет Форрестера-Мидоуза также вызвал очень сильную оппозицию со стороны промышленников и других людей, которые понимали, что политика нулевого роста никогда не будет работать для Соединенных Штатов Америки. В результате этого осознания Клуб попытался создать контрдвижение, возглавляемое Мисаровиком и Эдвардом Пестеллом, которые заявили, что целью Римского клуба является программирование органического роста:

"У мира есть рак, и этот рак - человек", - сказал г-н Пестелл.

Во-вторых, РПЦ призывала к разработке генерального плана, ведущего к созданию нового человечества, иными словами, Нового мирового порядка во главе с этими людьми.

Римский клуб должен был быть создан в нескольких странах третьего мира, включая Иран, Египет и Венесуэлу, Мексику и Алжир, после чего эти страны были приглашены присоединиться к нему, но отказались это сделать.

План Учебно-исследовательского института ООН под названием *"Проекты будущего"*, написанный членом Римского клуба Ирвином Лазлоу, был горьким обличением промышленного роста и городской цивилизации. Он осудил нынешнюю политику индустриализации Соединенных Штатов Америки. Он осуждал средний класс и требовал, как это делал до него Ленин, полного уничтожения американского среднего класса, этого уникального института, этого организма, который не позволяет Соединенным Штатам идти по пути греческой и римской империй.

В этом Лазлоу активно помогали платные слуги РПЦ Сайрус Вэнс и Генри Киссинджер. Многие из социалистов, цитируемых в этой монографии, регулярно встречались с Вэнсом и Киссинджером.

Как я уже упоминал в предыдущей книге, Римский клуб спонсировал проект по переписыванию книги Бытия, чтобы заменить библейское предписание о том, что человек должен господствовать над природой.

Среди других сторонников Римского клуба были Сайрус Вэнс и сам Джимми Картер, а также Сол Линовиц, Филипп Клацник, Уильям Райан - представитель ордена иезуитов в Торонто - и Питер Хенриатт, который был экспертом в теологии освобождения.

Все эти люди объединились под эгидой Римского клуба для продвижения глобальной кампании религиозного фундаментализма, которая может быть использована для свержения существующего мирового порядка и правительств в нужное время, и этот план реализуется. Он частично уже существует, но еще не полностью разработан.

Я хотел бы вернуться к вопросу о ядерной энергии. Против ядерной энергетики оказывается огромное давление - и мы видим действия на всех фронтах: судебном, экономическом, социальном и политическом. Но согласно исследованиям западногерманского университета Аркен, посвященным последствиям применения ядерного оружия, если взорвать всего 10% ядерного оружия сверхдержав, то в побочном продукте окажется очень значительное количество изотопа цезия, который, согласно прогнозам, будет усвоен в йодном пути жизненного процесса. Этих радиоактивных цезиев может образоваться достаточно, чтобы убить все пораженные высшие формы жизни во всем мире.

Но, конечно, это всего лишь очередная история ужасов, распространяемая Римским клубом, так же как страх перед термоядерной войной - это история ужасов, манипулируемая промывателями мозгов по обе стороны Атлантики.

Идея заключается в том, чтобы сделать само название "радиоактивный" словом, вызывающим ужас в сознании большинства населения планеты. Таким образом, страх, нагнетаемый против мирного использования ядерной энергии, оказался очень и очень сильным и позволил сорвать ряд крупных строительных планов и приостановить строительство десятков атомных электростанций, которые должны были быть построены в США в течение следующих десяти лет.

Единственная опасность, которая вызывает у некоторых порядочных людей кошмары, - это страх, что на атомной электростанции произойдет мощный ядерный взрыв, или что высококвалифицированный фанатик-антиядерщик проникнет на станцию и взорвет ее, что, конечно, вызовет вторичный взрыв.

Однако попытки саботажа на атомных электростанциях, как показали убедительные доказательства на острове Три-Майл, вряд ли нанесут такой же ущерб, как взрыв ядерного оружия.

В настоящее время жизни людей угрожают десятки искусственно созданных вирусов, таких как ВИЧ и Эбола, в распространении которых ядерная энергия не играет никакой роли.

Исследование, проведенное с использованием стандартных методов, показало, что даже по самым консервативным оценкам к середине 2008 года в результате ликвидации строящихся и уже работающих объектов атомной энергетики было потеряно более миллиона рабочих мест. Тем не менее, ни один человек не погиб от коммерческого производства энергии деления в США! Все верно: ни один человек не погиб в результате так называемой "ядерной катастрофы" на станции Three Mile Island, которая была не несчастным случаем, а преднамеренно спланированным актом саботажа.

За тот же период времени миллионы людей умерли от СПИДа, и еще миллионы умрут, благодаря геноцидным планам "Глобал 2000". Ежегодно на дорогах Америки в автомобильных авариях погибает более 50 000 человек, но до сих пор, за более чем четыре десятилетия, атомные электростанции в США не убили ни одного человека!

Но более 100 миллионов жизней были поставлены под угрозу про-ядерными силами Римского клуба и НАТО, которые постоянно промывают мозги этой нации шквалом антиядерной пропаганды.

Интересно вот что: Само человеческое тело производит радиоактивность в такой степени, что выдающиеся физики несколько лет назад предложили, чтобы в одной комнате одновременно находилось не более двух человек. С другой стороны, лыжная прогулка в горах или полет на авиалайнере подвергают человека гораздо большему воздействию радиоактивности, чем прислонение к стене атомной электростанции в течение года.

Еще один интересный момент заключается в том, что угольная электростанция выбрасывает в атмосферу больше радиоактивности на киловатт, чем делящаяся электростанция. Добывая уран для получения делящегося топлива, мы фактически уменьшаем общее количество радиоактивности, которой мы подвергаемся в результате естественных последствий.

В настоящее время существующие программы переработки и дробного захоронения отходов абсолютно защищают человечество от любого риска, при условии, конечно, что материал остается в перерабатывающем цикле сжигания. И это возможно.

Вот почему антиядерные фанатики, саботировавшие ядерную программу страны, были верны своему осуждению накопления радиоактивных топливных отходов. С появлением реакторов-размножителей на быстрых нейтронах доля непереработанных отходов, составляющая менее пяти процентов, может быть еще больше снижена. Используя программы пучков частиц, изобретенные и реализованные гением доктора Эдварда Теллера, пучки ускоренных нейтронов могут быть применены к нежелательным отходам, и они могут быть полностью нейтрализованы путем преобразования их с помощью контролируемой нейтронной бомбардировки. Это было сделано и может быть сделано, вполне осуществимо и, конечно, не требует больших затрат.

Начиная с 1970-х годов, мы наблюдаем, как Римский клуб ведет неустанную войну против программ ядерной энергетики в нашей стране, либо полностью отменяя их из-за экологических опасений, либо прекращая их финансирование, либо сочетая оба этих фактора. Чистым результатом всего этого стало увеличение стоимости строительства атомных электростанций и, конечно, стоимости производства энергии на них на миллиарды долларов.

Атомную электростанцию обычно легко построить за

четыре года, но, конечно, если время строительства удваивается - как это произошло в Америке из-за противодействия экологов, местных властей и штатов - затраты на строительство и финансирование увеличивают конечную цену станции.

Эта дорогостоящая тактика отсрочки в сочетании с высокими процентными ставками банкиров Римского клуба, которые были равносильны откровенному ростовщичеству, привела к фактической остановке строительства атомных электростанций в США. В 2008 году, когда цены на сырую нефть резко возросли, строительство атомных электростанций становится еще более актуальным.

Антиядерные электростанции должны быть одной из великих историй успеха Римского клуба. Если бы это было не так, индустриализация Америки уже продвинулась бы вперёд, и я рад сказать, что безработица ушла бы в прошлое.

Сейчас, в середине 2008 года, около 15 миллионов американцев не имеют работы, так утверждает правительство. При полной мощности атомных станций этого не произойдет. Ядерное топливо является самым дешевым в расчете на киловатт из всех видов топлива, доступных в мире, сейчас или в любое другое время.

ГЛАВА 14

ОГРАНИЧЕНИЕ ИСПОЛЬЗОВАНИЯ ЯДЕРНОЙ ЭНЕРГИИ

Технология термоядерного синтеза является единственным экологически приемлемым источником новой энергии, необходимой для того, чтобы Соединенные Штаты продолжали иметь здоровую экономику и растущую промышленную базу, обеспечивающую полную занятость большого числа квалифицированных работников. Без здоровой экономики и растущей промышленной базы Соединенные Штаты не смогут оставаться мировой державой или даже сохранить свое нынешнее шаткое положение в структуре мировой военной мощи. Если бы мы смогли помешать планам Римского клуба, страна в целом выиграла бы в трех непосредственных отношениях:

➤ Произошло бы огромное расширение нашей экономической инфраструктуры, что привело бы к самому большому экономическому буму, который когда-либо видели США.

➤ Это обеспечит возможности для трудоустройства, устранив, смею предположить, всю безработицу в США.

➤ Это увеличит прибыль инвесторов. Это также удешевит и удешевит производство энергии в

Америке, не затрачивая на экономику ни копейки больше. Представьте себе преимущества отсутствия необходимости импортировать саудовскую нефть. Ситуация с нашим платежным балансом улучшится в разы. Через шесть месяцев наша экономика и рынок труда переживут удивительный переход.

Все это будет сделано без повышения налогов. Технология есть, и воля есть - на пути национального развития стоит Римский клуб с его организованной политикой противодействия ядерной энергетике.

Поэтому именно мы должны донести до людей мысль о том, что ядерная энергия - это не плохо, а хорошо. Если бы у нас были представители в Конгрессе, которые ставили бы на первое место Соединенные Штаты, а не свои собственные интересы, можно было бы запустить программу ядерной энергетики, что привело бы к новому инвестиционному буму в сфере высоких технологий, с миллионами долларов инвестиций и сотнями тысяч новых рабочих мест.

Мы бы увидели появление новых отраслей промышленности, исчезновение безработицы, неизмеримый рост уровня жизни в стране, а наша промышленная и экономическая база позволила бы нам стать величайшей военной державой в мире.

Нам никогда больше не придется беспокоиться о нападении иностранных держав, и мы никогда больше не испытаем циклов бумов и спадов, навязанных США банками Федеральной резервной системы.

Это, конечно, диаметрально противоположно политике

Римского клуба. Поэтому мы боремся за наше будущее, за наши жизни, за наших детей и за безопасность этой великой страны, последнего бастиона свободы в мире. Что привело нас к нынешнему состоянию рецессии? И пусть вас не обманывает государственная статистика: мы находимся в состоянии глубокой рецессии.

Что привело нас к такому плачевному состоянию? Неужели природные ресурсы этой страны рухнули? Конечно, большинство людей сегодня должны понимать, что события не просто случаются, а создаются путем тщательного планирования. Первопричиной болезни, поразившей Америку, является неспособность сменявших друг друга правительств, после президента Рузвельта, настоять на том, чтобы Великобритания относилась к Соединенным Штатам как к отдельной, независимой и суверенной стране, вместо того чтобы навязывать ей волю Комитета 300 через Римский клуб и Международный валютный фонд, как они это делали после специального соглашения, достигнутого Уинстоном Черчиллем и Ф.Д. Рузвельтом в 1938 году.

Конечно, "специальное соглашение" началось задолго до этого. Некоторые люди писали мне и говорили: "Вы, должно быть, ошибаетесь, потому что Черчилль даже не был премьер-министром Англии в 1938 году".

Конечно, но с каких пор этих людей волнуют титулы? Когда был согласован печально известный договор Бальфура, обратились ли эти люди к британскому премьер-министру, который якобы контролировал Великобританию? Нет, вместо этого они подали длинный меморандум лорду Ротшильду, и именно лорд Ротшильд составил окончательный вариант договора, по которому сионистам была передана Палестина, которую Британия не имела права предоставлять, поскольку она им не принадлежала.

Мы видели, как то же самое происходило с Рузвельтом и Черчиллем. Черчилль не был премьер-министром в 1938 году, но это не помешало ему вести переговоры от имени людей, которые владели им душой и телом: Комитета 300. Черчилль получил подготовку во время Бурской войны в Южной Африке, и он был членом и посланником этой элитной группы на протяжении всей своей жизни.

Указание на тип стратегии, принятой Великобританией, содержится в книге, опубликованной в конце Второй мировой войны Эллиотом Рузвельтом, сыном и помощником Франклина Рузвельта в военное время, под названием *"Как я это видел"*.

Эллиот Рузвельт записал основные черты Франклина Рузвельта, излагавшего Черчиллю послевоенную американскую политику. Конечно, Черчилль не собирался следовать за ним; он прекрасно знал, что право отменить предложения Рузвельта, какими бы они ни были, принадлежит Комитету 300, который управляет Америкой.

Британские социалистические агенты перемен проникали в США десятками, включая Уолтера Липпмана, который был главным пропагандистом Тавистока. Именно Липпманн представил ничего не подозревающей Америке "замечательного" экономиста Джона Мейнарда Кейнса, и именно кейнсианская экономика разрушила экономику США.

Именно Кейнс ввел такие системы, как специальные права заимствования, теорию "мультипликатора" и другие гротескно аморальные, злые и мерзкие несправедливости, навязанные почти всему человечеству небольшим меньшинством, управляющим миром. И мы должны понимать, что это не пустая фраза. Эти люди действительно управляют миром, и нет смысла говорить: "...это Америка, у нас есть Конституция, и здесь такого быть не может".

Конституция Соединенных Штатов была растоптана, полностью и окончательно подорвана, так что сегодня она практически не имеет силы и действия.

Рокфеллер создал аферу с иностранной помощью. Это самая большая афера, которую когда-либо видел мир, за исключением Федеральных резервных банков. Это делает страны полностью зависимыми от помощи США, которая преследует двойную цель:

> ➢ Это позволяет этим странам оставаться подвластными воле своих хозяев в Совете по международным отношениям.

> ➢ Она облагает американского налогоплательщика налогами сверх его платежеспособности и заставляет его быть настолько занятым зарабатыванием на жизнь, чтобы удержать голову над водой, что у него нет времени оглянуться вокруг, чтобы посмотреть, что является причиной его страданий. Эта система начала действовать в 1946 году.

Киссинджер ввел хулиганство в мировую политику.

Джулиус Кляйн из ОСС дал Киссинджеру работу в армии в качестве водителя генерала Крамера. Киссинджер вел себя как хулиган в мировой политике с тех пор, как британцы взяли его под контроль, и дорого обошелся американскому имиджу и общественности.

Именно работа Киссинджера стала причиной мучений миллионов голодающих людей в Африке и заставила страны прогнуться и отказаться от своей суверенной целостности.

Это невероятно и не могло произойти три или четыре года назад, но это происходит прямо сейчас, у нас под носом, в Бразилии, Мексике и Аргентине, где МВФ, незаконная организация единого мирового правительства, внебрачное дитя Римского клуба, заставляет страны преклонить колено и отдать свою суверенную целостность и сырье, или столкнуться с банкротством.

Этот уникальный международный банк был создан для того, чтобы грабить, лишать и лишать каждую слабую страну ее природных ресурсов. Именно в этом и заключается работа МВФ. МВФ является одним из ключевых факторов способности Римского клуба доминировать над многими странами.

Я не считаю себя более сведущим, чем эти сенаторы и конгрессмены в Вашингтоне, и я не получаю ничего, сравнимого с их зарплатой, но эти так называемые представители народа поддерживают неконституционное финансирование бандитского Международного валютного фонда, который в конечном итоге возьмет на себя кредитную и денежную политику Соединенных Штатов, поработив народ в государстве с единым мировым правительством.

Наши представители - *если они вообще были нашими представителями* - могли бы навести порядок и стабильность в Соединенных Штатах *одним* росчерком пера, если бы только у нас была горстка законодателей, готовых подчиняться Конституции. Мы могли бы начать новую индустриализацию этой страны, упразднив Федеральный резервный совет, приняв решение о справедливой системе распределения и внедрив ядерную энергетику не только в этой стране, но и во всех развивающихся странах.

Я верю, что мы вступим в период утопии для этого мира, какой мы еще никогда не видели. Это, конечно, полностью противоречит планам Римского клуба не только для этой страны, но и для всего остального мира.

В работе Римского клуба есть несколько интересных аспектов, одним из которых, как я уже упоминал, является геноцидный план "Глобал 2000", основанный на докладе Комитета по кризису народонаселения Фонда Дрейпера, поддержанном генералом Максвеллом Тейлором и другими военными.

Для тех из вас, кто спрашивал меня о некоторых людях в армии, я предлагаю спросить их, поддерживают ли они выводы Комитета по демографическому кризису Фонда Дрейпера и геноцидный доклад "Global 2000".

Генерал Тейлор начинает с нелепого предположения, которое делают все мальтузианцы, - что богатство исходит от природных ресурсов. Генерал Тейлор утверждает, что население развивающихся стран потребляет слишком много сырья, которое понадобится элите в ближайшие столетия.

ГЛАВА 15

ГЛОБАЛЬНЫЙ ОТЧЕТ 2000

Поэтому, как утверждается, мы должны действовать сейчас, чтобы сохранить потребление на как можно более низком уровне, ограничивая доступ к технологиям и сохраняя дефицит продовольствия.

Мы должны быть готовы позволить людям третьего мира голодать, чтобы сырье их стран не поглощалось их собственным народом, а было доступно мировым лидерам.

Это основная предпосылка доклада "Global 2000" и Комитета по демографическому кризису Фонда Дрейпера генерала Максвелла Тейлора. Неудивительно, что Роберт Макнамара был вовлечен в эту линию мышления.

В конце концов, мы хорошо знакомы с ролью Макнамары во Вьетнаме и, возможно, менее знакомы с ролью Римского клуба в формулировании политики геноцида, которую проводил режим Пол Пота в Камбодже.

Этот план был разработан и запущен в Камбодже в качестве эксперимента. И не думайте, что то же самое не может произойти в Америке; это может произойти и произойдет. Тейлор и Макнамара были большими сторонниками развертывания НАТО за пределами театра военных действий (Европа), в нарушение устава, который предписывал ей действовать только в Европе.

Другими словами, благодаря войскам НАТО непокорные страны под угрозой вторжения будут вынуждены выплачивать свои ростовщические долги МВФ. Это действительно нижний предел, угроза цивилизованному поведению.

Наша цивилизация и наследие поставлены на карту; передаваясь от Солона Афинского и ионийских городов-государств-республик, мы можем проследить импульс к управлению, наши христианские идеалы и две характеристики христианства, лежащие в основе этих идеалов.

Мы должны управлять собой согласно книге Бытия: "плодитесь и размножайтесь, и наполняйте землю, и покоряйте ее". Мы можем увеличить и поддержать человеческую жизнь, сделать ее прекрасной и намного лучше, чем сейчас. Не для тех немногих, кто знает эзотерические правила и тайные законы культов и оккультизма, но для большинства, подавляющего большинства, о котором Христос сказал, что он пришел освободить, и опять же, я использую это строго в нерелигиозном контексте.

Мы должны управлять собой под влиянием христианских принципов, примером которых является Христос, совершенствуя его рациональные способности ума и выражая его веру в Бога, живого Бога, который всегда будет относиться к человеческой жизни как к священной.

Мы не должны позволять этим оккультным мастерам черной магии заставить нас поверить в то, что человечество - это масса людей. Это ложь. Человечество - это не масса; сама идея того, что каждый из нас индивидуален, подчеркивается тем фактом, что у нас есть индивидуальные отпечатки пальцев.

В мире нет двух одинаковых наборов отпечатков пальцев. Поэтому мы не являемся массой людей, мы - индивидуумы. Мы должны собрать технологическую информацию и правильно ее использовать, пока Римский клуб не превратил нас в болтливый отряд легко управляемых недочеловеков, полностью зависящих от них в плане подачек и самого существования, которое обещает быть очень скудным.

Любой лидер нации, принимающий культ мальтузианской политики Римского клуба, которая просто означает, что лишь немногие должны получать выгоду за счет многих, обрекает себя и свой народ на тысячу лет рабства.

В условиях мальтузианских ограничений ни одна нация не может развиваться или расти, потому что в этом случае она будет использовать природные ресурсы, которые, согласно Римскому клубу, принадлежат меньшинству, правящему классу. Такая нация обречена на гибель, потому что злое влияние, которое следует за такой политикой, не может выжить при свете дня.

Именно это стоит за так называемыми "условиями", навязанными МВФ Бразилии и Мексике. На самом деле МВФ хочет, чтобы эти страны оставались бедными.

В результате этого условия займов становятся настолько невыполнимыми, что страны выбиваются из сил, пытаясь выплатить проценты. Поэтому они телом и душой отдаются под диктат и контроль МВФ, который, как я уже говорил, является финансовым подразделением Римского клуба. Мы не должны оставаться в стороне и позволять таким вещам происходить.

Римскому клубу хорошо известно, даже если наши граждане не знают, что все успешные индустриальные страны 19 века, за исключением Великобритании, были мотивированы американской системой политической экономии, и, тем не менее, сегодня ни один американский университет не преподает ее. Они боятся его преподавать.

Социалисты, профессор Ласки из Фабианского общества, запретили его. Но мы видим это на наших глазах - только в Японии до сих пор успешно применяется американская система. Это объясняет очевидное превосходство японской экономики над американской. Мы были вынуждены отказаться от нашей собственной американской системы политической экономии в пользу идеи Черной Аристократии о том, как должны управляться вещи, что является мировым социализмом в действии.

Но Япония уклонилась. Показатели японской экономики являются доказательством того, что американская система работает, если дать ей шанс. Но в Соединенных Штатах есть эта раковая опухоль на теле общества под названием Римский клуб, который блокирует правительство, блокирует наши законодательные органы, блокирует прогресс в ядерной энергетике, разрушает наши сталелитейные заводы, нашу автомобильную промышленность и нашу жилищную промышленность, в то время как японцы продвигаются вперед. Конечно, их тоже ждет большая неудача, и как только Римский клуб почувствует себя достаточно сильным, он переключит свое внимание на японцев, которых постигнет та же участь.

Мы не должны допустить этого. Мы должны бороться за то, чтобы Америка оставалась цивилизованной и индустриальной страной. Мы должны найти лидеров, которые снова будут следовать политике Джорджа Вашингтона и, что касается политической экономии, сместить Кейнса, Ласки, Киссинджера и семью Бушей, которые привели эту страну на грань гибели.

История говорит нам, что христианство возникло как институциональная сила, противостоящая силам тьмы. Христос сказал: "Я пришел дать вам свет и свободу".

Он был направлен на людей, которых в то время фарисейская элита меньшинства считала отбросами общества.

ГЛАВА 16

ЧЕРНОЕ ДВОРЯНСТВО

Христианство породило самую мощную форму цивилизации в области государственного управления и культуры, именно поэтому Римский клуб так яростно выступает против христианской доктрины. Насколько мне известно, последняя попытка создать единое государство западного христианства потерпела поражение около 1268 года нашей эры от черных гвельфов, возглавляемых венецианцами, которые разгромили силы, связанные с Данте Алигьери, великим итальянским поэтом.

В Европе было предпринято множество попыток создать государство нового типа. Суверенная республика-нация-государство основана на совместном использовании общего языка, заменившего распространенные в то время диалекты. Концепция Данте была хороша, и она прочно стояла до тех пор, пока не потерпела поражение, которое, как мы знаем, было прямым результатом сокрушения республиканских сил в Англии в результате установления в 1603 году британской монархии под властью венецианской марионетки Якова Ier.

Мы знаем, что из-за этого были предприняты все

усилия, чтобы подавить эту новую форму национально-государственного республиканизма. Эта война продолжается и по сей день. Американская война за независимость так и не закончилась. Эта "битва" продолжается с 1776 года, и с тех пор Америка проиграла два крупных сражения:

В 1913 году мы потерпели поражение в результате двух действий федерального правительства: введения прогрессивного подоходного налога - марксистской доктрины - и создания Федеральных резервных банков, частной банковской монополии.

Но еще до этого американской республике был нанесен страшный удар принятием Закона о возобновлении специй в 1876-79 годах, когда Соединенные Штаты отказались от суверенитета над своей национальной кредитной валютой и долговой политикой и отдали денежную политику молодой республики на милость международных банкиров Лондонской золотой биржи. Внутренняя власть над нашими денежными делами впоследствии все больше отдавалась на милость влиятельных агентов британских и швейцарских банкиров, через Августа Бельмона, родственника Ротшильдов, которые послали его в Соединенные Штаты защищать их интересы, и династии Дж.П. Моргана.

Хотя сама лондонская система обмена золота рухнула в последовательных фазах между Первой и Второй мировыми войнами, англо-швейцарские венецианские фонды, то есть люди с деньгами, установили фактическую диктатуру над мировыми валютными делами в рамках Бреттон-Вудского соглашения, аферы века.

Соединенные Штаты способны разрушить все эти цепи, сковывающие их народ; они могут, и могут, если только мы сможем избрать законодателей, которые поставят свою страну выше своих личных интересов и возьмутся уничтожить это чудовище социализма, которое держит нас за горло и которое мы теперь называем Римским клубом.

Несколько человек спросили меня: "Если то, что вы говорите, правда, то почему в наших университетах и школах не преподают такую экономику, о которой вы говорите? "

Позвольте мне отметить, что долгие века диктатуры Лондона и швейцарских банкиров над денежной системой и делами мира являются абсолютной причиной номер один, почему ни один факультет или школа экономики ни в одном американском университете не преподают правильную экономику и не защищают денежную систему биметаллизма, на которой была основана наша Республика, Соединенные Штаты Америки, и которая сделала Соединенные Штаты самой богатой и самой управляемой страной в мире.

Если бы преподавалась настоящая экономика, социализм исчез бы. Студенты увидели бы, что именно не так с этой страной, и начали бы искать, на кого возложить вину.

До тех пор, пока мы как нация позволяем незаконно подрывать наш суверенитет посредством политических и экономических решений и подчинять себя наднациональным денежным институтам, таким как МВФ и Банк международных расчетов, пока

Американская ассоциация адвокатов, "наши" юристы, "наше" правительство, "наши" члены Конгресса и "наша" частная экономика продолжают потворствовать этим подрывным денежным агентствам, этим наднациональным финансовым институтам, наша страна будет обречена.

Мы не должны угождать наднациональному институту и играть по правилам, которые он хочет нам диктовать. Совсем недавно мы вновь увидели, как Конгресс пошел на поводу у злобного плана по спасению этого подлого института Ласки-Кейнса и социалистов под названием Международный валютный фонд.

Мы должны научить наших граждан, что именно происходит с МВФ и Римским клубом. Экономика - не такой уж сложный предмет. Как только вы поймете принципы, следовать им будет довольно легко. Позвольте мне привести несколько примеров того, как мы предали себя, позволив диктату социалистических международных наднациональных организаций завладеть нашей нацией, как раковой опухолью.

Возьмем ближайший послевоенный период Второй мировой войны: около 62% нашей национальной рабочей силы было занято либо в производстве материальных благ, либо в транспортировке этих благ. Сегодня, если использовать официальную статистику - которая в лучшем случае очень ненадежна - менее 30% нашей рабочей силы занято на этом уровне. Безработица составляет около 20%. Изменение в составе занятости национальной рабочей силы является основной причиной инфляции. В этом и заключается основная проблема.

Если мы обратимся к истории, особенно к 1870-м годам, то увидим общее снижение стоимости производства товаров, дефляционный цикл в продвижении производства богатства, вызванный в основном влиянием американской системы политической экономии, способствующей технологическому прогрессу в виде развития промышленности и повышения производительности сельского хозяйства. Но с тех пор, как в 1880-х годах лондонская система обмена золота взяла контроль над мировыми денежными делами в руки горстки людей, ужасные депрессии следовали одна за другой, перемежаясь с длительными инфляционными спиралями.

Это прямой продукт мальтузианских сил, которые контролируют этот мир и связаны с доктринами Джона Стюарта Милля, Гарольда Ласки и Джона Мейнарда Кейнса. Политика так называемой экономики свободного рынка не делает ничего, кроме увеличения спекулятивных инвестиций в фиктивные формы капитализации ренты и ростовщичества финансистов-рантье в ущерб инвестициям в реальные технологии и реальное прогрессивное производство реальных, осязаемых товаров.

Вот почему я говорю всем своим друзьям: "Держитесь подальше от фондового рынка". Фондовый рынок - это фиктивное пространство для спекулятивных инвестиций, а не пространство, где деньги инвестируются в технологический прогресс для производства материальных товаров прогрессивным и упорядоченным способом.

Поэтому фондовый рынок должен рухнуть. Его нельзя

поддерживать вечно, как нельзя поддерживать вечно. Это воздушный пузырь, который однажды сдуется, и когда это произойдет, многие пострадают от последствий.

Фокус в том, чтобы заставить людей слушать сейчас, до того, как это произойдет. Под влиянием деятельности Римского клуба поток кредитов переместился с производства товаров и сельскохозяйственного производства на непроизводственные формы финансовых инвестиций. Конечно, это создало огромные проблемы для страны.

Изменение состава финансовых потоков и потоков занятости стало причиной как периодических крупных депрессий, так и долгосрочных инфляционных движений, встроенных в то, что сейчас представляет собой наша экономическая система. В мои намерения не входило превращать эту статью в изложение экономических фактов, но иногда необходимо обратить наше внимание на эти вещи. Сегодня в Америке действует злая сила, и называется она социализм, от имени которого действует Римский клуб.

Это организация, целью которой является уничтожение Соединенных Штатов Америки в том виде, в котором мы их знаем. Эта организация посвящена установлению нового мирового порядка, в котором миром будет править так называемое привилегированное меньшинство, Комитет 300.

Наша судьба будет предрешена, если мы не сможем объединить людей доброй воли и заставить изменить политику нашего правительства. Это можно сделать, только наведя порядок в доме, вычистив авгиевы конюшни и избавившись от тайных организаций, таких как Римский клуб, чтобы они больше не могли диктовать ход событий и контролировать будущее этой великой страны. Пока мы этого не сделаем, мы будем находиться в рабстве у единого мирового правительства - Нового мирового порядка.

Уже опубликовано

OMNIA VERITAS OMNIA VERITAS LTD ПРЕДСТАВЛЯЕТ:

ВОЙНА
НАРКОТИКОВ
против АМЕРИКИ

Наркоторговлю невозможно
искоренить, потому что ее
руководители не позволят отобрать
у них самый прибыльный рынок в
мире...

ДЖОН КОЛМАН

Настоящими поборниками этой проклятой торговли являются "элиты" этого мира

OMNIA VERITAS OMNIA VERITAS LTD ПРЕДСТАВЛЯЕТ:

ИЕРАРХИЯ ЗАГОВОРЩИКОВ
ИСТОРИЯ КОМИТЕТА 300

ДЖОН КОЛМАН

Этот открытый заговор против Бога и человека включает в себя порабощение большинства людей...

OMNIA VERITAS OMNIA VERITAS LTD ПРЕДСТАВЛЯЕТ:

ЗА ПРЕДЕЛАМИ
ЗАГОВОРА
РАЗОБЛАЧЕНИЕ
НЕВИДИМОГО МИРОВОГО
ПРАВИТЕЛЬСТВА

Все великие исторические
события планируются в тайне
людьми, которые окружают
себя полной
конфиденциальностью.

Джон Колман

Высокоорганизованные группы всегда имеют преимущество перед гражданами

OMNIA VERITAS LTD ПРЕДСТАВЛЯЕТ:

ДИКТАТУРА СОЦИАЛИСТИЧЕСКОГО МИРОВОГО ПОРЯДКА

Все эти годы, пока наше внимание было сосредоточено на зле коммунизма в Москве, социалисты в Вашингтоне были заняты тем, что воровали у Америки...

ДЖОН КОЛМАН

"Врага в Вашингтоне нужно бояться больше, чем врага в Москве"

OMNIA VERITAS LTD ПРЕДСТАВЛЯЕТ:

ДИПЛОМАТИЯ ПУТЕМ ЛЖИ
РАССКАЗ О ПРЕДАТЕЛЬСКОМ ПОВЕДЕНИИ ПРАВИТЕЛЬСТВ ВЕЛИКОБРИТАНИИ И США

ДЖОН КОЛМАН

История создания Организации Объединенных Наций - это классический случай дипломатии обмана

OMNIA VERITAS LTD ПРЕДСТАВЛЯЕТ:

МАСОНСТВО

от А до Я

ДЖОН КОЛМАН

В 21 веке масонство стало не столько тайным обществом, сколько "обществом тайн".

В этой книге объясняется, что такое масонство

OMNIA VERITAS LTD ПРЕДСТАВЛЯЕТ:

НЕФТЯНЫЕ ВОЙНЫ

ДЖОН КОЛМАН

Исторический рассказ о нефтяной промышленности проводит нас через изгибы и повороты "дипломатии".

Борьба за монополизацию ресурса, желанного для всех стран

OMNIA VERITAS LTD ПРЕДСТАВЛЯЕТ:

ДИНАСТИЯ РОТШИЛЬДОВ

Джон Колман

Исторические события часто вызываются "скрытой рукой"...

OMNIA VERITAS LTD ПРЕДСТАВЛЯЕТ:

ТАВИСТОКСКИЙ ИНСТИТУТ
человеческих отношений

Формирование морального, духовного, культурного, политического и экономического упадка Соединенных Штатов Америки

Без Тавистока не было бы Первой и Второй мировых войн.

ДЖОН КОЛМАН

Секреты Тавистокского института человеческих отношений

OMNIA VERITAS
OMNIA VERITAS LTD представляет:
Уолл-Стрит И
Большевицкая
$Революция
"Я не собираюсь
заставлять кого-либо
полагать, что я обнаружил
новинку - политики
лгут..."
ANTONY SUTTON
Энтони Саттон
Уолл-Стрит И
Большевицкая
Революция
Антоний Саттон придерживается конкретной, поддающейся проверке и подтвержденной документации

OMNIA VERITAS
OMNIA VERITAS LTD ПРЕДСТАВЛЯЕТ
СИМФОНИЯ
В
КРАСНОМ МАЖОРЕ
Ротшильды были не казначеями, а лидерами этого первого тайного
коммунизма. Ведь хорошо известно, что Маркс и высшие
руководители Первого Интернационала находились под
руководством барона Лионеля де Ротшильда...
Важный исторический труд

OMNIA VERITAS
Omnia Veritas Ltd настоящее время:
Моя Борьба
Майн Кампф
Адольф Гитлер
Моя Борьба
Майн Кампф
Именно в это время были
открыты два опасности
для существования
немецкого народа глаза
мои: марксизм и иудаизм.
Документ исторического интереса

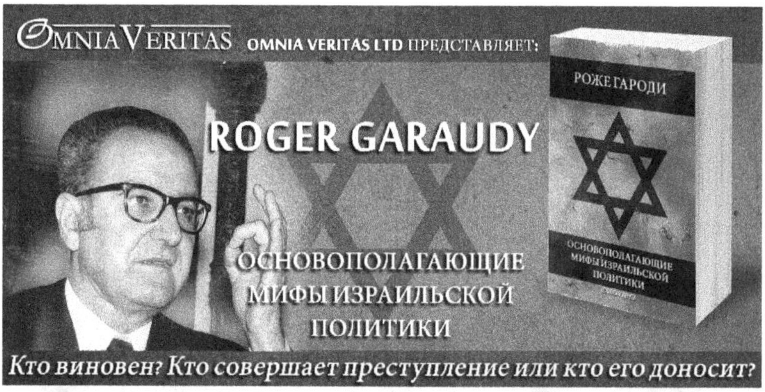

OMNIA VERITAS®
www.omnia-veritas.com

www.ingramcontent.com/pod-product-compliance
Lightning Source LLC
Chambersburg PA
CBHW072200270326
41930CB00011B/2494